不熬夜，不死背

睡前1分鐘驚人學習法

筆記整理得再好，參考書買得再多，
記不住就是個悲劇！

高島徹治——著
張智淵——譯

目錄

第2章 令大腦開心，記憶力就會提升

第3章　睡前1分鐘是「懶人」的學習法

第4章 提高睡前1分鐘記憶效果的訣竅

序言

「最近，你是否覺得記憶力變差、東西怎麼也記不起來呢？」

你有過這種心情嗎？如果是正在挑戰證照的人，說不定會經常這麼覺得，因而感到心浮氣躁，或者喪失自信。

好像有不少人認為，記不起來是因為上了年紀。年紀輕輕，二、三十歲就感嘆「明明國中、高中的時候都記得起來，真的老了……」

不過，我認為記憶力和年齡沒什麼關係。因為，我就是過來人。我從五十三歲開始挑戰考照，至今考取了九十一項證照，所謂「記憶力會隨著年紀衰退」的說法，只是在找藉口，那種法則根本不存在。

「記不起來」的原因在於記誦方法和學習方式不佳。像是拚命背、念通宵，或者逼迫自己強記一本書，這樣當然會記不起來。

我最近確信，為了記住什麼而在睡前，尤其是入睡前一分鐘的度過方式非常重要。

從入睡之後到醒來為止，真的只是「睡著」而已，就人的意識而言，睡眠正是一個黑盒子。所謂的黑盒子，就是「不曉得裡面有什麼、在進行什麼事」的盒子，但是近年來，學者逐漸弄清了睡眠這個黑盒子，發現人能夠有意識地控制它。

「能夠控制睡眠」，你不覺得這是一件很了不起的事嗎？

我之所以特別重視入睡前一分鐘的度過方式，是因為能夠**利用睡前一分鐘，對控制睡眠的黑盒子進行「最終的調整」**。

睡眠時無法有意識地活動，但是人還是會作夢。任誰都會作夢，可能夢見偏離現實的夢，例如在偌大的房子裡和欣賞的人聊天、在公司完成一件重大的工作，或者經歷各種痛苦、悲傷的負面事件。

想必也有人會期待作夢，並祈禱「作個好夢」，然後入睡。

遺憾的是，人無法控制所有的夢。然而，假如能以自己的意志，運用一部分的夢，那會如何呢？而且假如那會對現實生活產生不錯的影響……

雖然作夢是下意識的，但那是大腦的活動。即使睡著了，大腦有一段時間也和醒著的時候一樣，不，甚至**比醒著的時候更專注地工作**。縱然驅使身體行動的指揮官在休息，大腦仍會替白天接收到的資訊分門別類，釐清舊的記憶，以記憶機能為主進行智性的活動。

既然如此，應該就能將睡眠時的大腦活動和醒著時的活動連結在一起。也就是說，如果活用睡眠時的大腦運作，應該就會進一步拓展自己的智性活動。

我覺得這個想法很有趣，於是在十幾年前開始挑戰運用作夢。我發現：如果刻意在睡前替在睡眠時工作的大腦做好準備，大腦就會欣然地接受那項準備，順著當事人的希望，活絡地工作。

講得更具體一點，就是**大腦會順著當事人「想記住」的希望，好好地整理記憶，並且深植腦海**。

這是一件很棒的事。我之所以一次又一次地考取證照，正是因為我開始利用這種大腦的作夢活動。

在五十多歲挑戰考照，其實我也曾感到不安，但是實際報考後發現，年齡根本不是問題。我的大腦在我睡覺的時候，替我進行整理資訊、強化記憶的工作，將內容收納在重要的記憶儲藏庫裡。

自從我意識到睡前的度過方式很重要之後，我在錯誤中摸索，進行了各種嘗試。本書中介紹的都是歷經失敗嘗試後，「效果卓越」的方法。

我接下來會介紹理論根據，仔細具體地說明是怎麼一回事、該怎麼做。

我敢說「睡前一分鐘」掌握了關鍵，這一分鐘的作業會驚人地實現「我一定要把這個記起來」的想法。

如此一來，人生會變得趣味盎然，能夠欣喜地迎接每一個美好的早晨。

我希望翻閱這本書的人，度過快樂的每一天。如果能夠坦然地接受本書的建議，你的人生一定會為之一變。敬請打造美好的每一天，創造美好的人生。

二〇一二年六月

高島徹治

第1章

最好在睡前記憶東西

01 睡前的一段時間會決定隔天的成果！

我是一個早睡早起的人。大約早上五點起床，展開一日的活動。我也寫過一本講述如何善用早晨的書，內容包括早上的學習法和工作術等。

如果說我最重視睡前的時間，乍聽之下，或許會覺得矛盾。所以首先，我要消除這個誤解。

從前，我是典型的夜貓子。工作到很晚之後，還會到居酒屋小酌一杯，回家看完深夜的電視節目後才睡覺，日復一日地過著這種生活。

然而，自從開始挑戰證照考試之後，我擔心再這樣下去會考不上，於是改為早睡早起的作息。直到現在，我幾乎沒有一天超過凌晨十二點還醒著。如果三更半夜還醒著，早上五點就爬不起來。我之前會在七、八點起床，但是睡醒的感覺很糟，會神智不清好一陣子。

其實，這種「未開機」的狀態很浪費，無法做任何有意義的事、懶得和家人交流、板著一張臉吃著妻子做的早餐。夜貓子八成都是一個樣。

無法進行有意義的活動、使家人吃早餐的氣氛變得沉重……，這實在是不值得讚許的習慣。我終於意識到這一點，改為早睡早起。而我是如何調整作息的呢？不單只是改為早起那麼簡單。其實，我**改變了晚上的生活方式**。

如果不早睡，早上就爬不起來。這是三歲小孩也知道的事。

早睡是基本中的基本。不過，我不只是早睡而已。如果和夜貓子時期一樣，維持「喝酒→看電視→睡覺」這種生活型態，只是提早就寢的話，過了一段時間，可能又會變回夜貓子。這就跟減肥復胖的道理一樣。

這麼說的話，或許會有人誤以為我過著不喝酒、不看電視，像苦行僧一樣的生活。但是事實不然。如果採取這種節欲的態度，只會又回到原本的型態。**強迫自己改善生活是不會持久的**。

那麼，該怎麼改變才好呢？

回顧我從夜貓子改成早睡早起的經驗，首先，要改變對晚上的思考方式，尤其是對睡覺前的思考方式。

作法很簡單，請告訴自己——「**睡前的一段時間不是為了睡眠這項休息而存在，而是為了睡眠之後、早上一定會醒來而存在**」。

晚上是為了早上而存在——把這句話輸入大腦，即是我早睡早起的開始。

02

將睡前的三十分鐘作為自己專屬的時間

晚上重要的是睡前的一段時間。要**改變睡前約三十分鐘的度過方式**，不是為了休息而做睡覺的準備，而是為了確保隔天早上醒來能神清氣爽地活動的準備時間。三十分鐘之前做什麼都無所謂，可以喝酒，也可以上網。家人團聚也是人生的樂趣。可是，到了想睡的三十分鐘之前，要**打造一個人獨處的時間**。

要特別注意的是，這個時候不要忘我地從三十分鐘變成一小時、兩小時。可以把這段時間充當看書時間，或者為了明天的工作做準備，但是三十分鐘一到就要爽快地收工，不要拖拖拉拉地延長時間，否則隔天早上會變得「不美好」。

睡前的度過方式

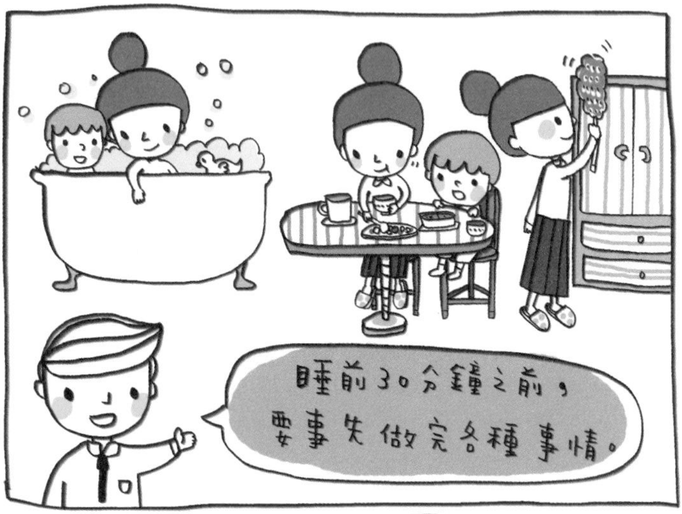
睡前30分鐘之前，
要事先做完各種事情。

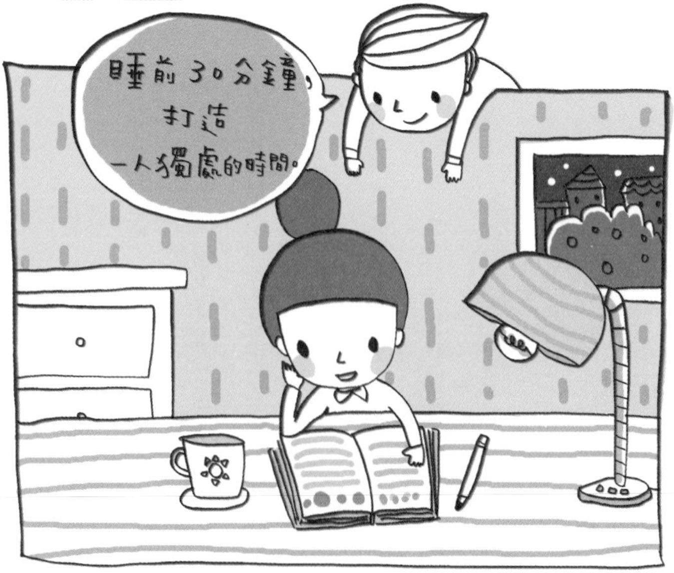
睡前30分鐘，
打造
一人獨處的時間。

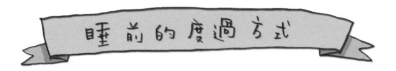

03

在重要的睡前一分鐘準備「作夢」

一個人獨自度過三十分鐘，終於到了睡覺時間——這是最重要的關鍵時刻。以時間來說，大約是一分鐘。**這一分鐘做了什麼，會大幅影響隔天早上的狀態。**

早上心情改變會導致人生改變。因為能以十分積極的心情迎接早上，所以一整天都能保持積極的心情。每天過著這種生活，整個人生就會變得更正面、更幸福。

睡前的最後一分鐘會使你的人生幸福。這也是成功的關鍵。我甚至認為，我考取九十一項證照的最大致勝原因，就在於這一分鐘。

睡前一分鐘是指：心裡想著「好，睡覺吧」、刻意讓自己睡著之前的一分鐘。有時候可能坐在床邊，有時候可能鑽進了被窩。房間只剩下床頭燈或小檯燈，主燈熄滅的狀態，也就是「今天的活動已經結束」的時候。

我想，這時候大部分的人都已經處於什麼也不做的態勢，只等著最後一分鐘，要做**「最後的活動—準備作夢」**。

準備作夢是為了讓大腦在睡眠時，基於自己的意思工作。打造「即使沒有意識，大腦也在工作」的一分鐘。

這一分鐘為何重要呢？「準備作夢」是什麼意思呢？接下來要說明睡眠的機制，解除你的疑惑。

04

大腦在睡覺期間也在活動！

我想，你應該聽過**「睡眠革命」**這四個字。它也被用於促進熟睡的心理治療等，但那是宣傳台詞。我所說的「睡眠革命」是指：之前一直扮演藏鏡人的「睡眠」，在睡醒時一躍成為舉足輕重的主角。

多數人都認為睡眠只有「休息」的功能，而經腦科學專家研究睡眠的機制後發現，**大腦在我們睡覺的時候也在努力工作，並且對睡醒後的大腦運作造成莫大的影響**。

換句話說，**可以「利用」睡眠**。

我認為，這是一項了不起的研究成果。畢竟，我們之前一心認定「睡著的時候，大腦也在睡覺」，但是大腦並沒有在睡覺。

即使我們心想「必須讓大腦休息」，閉上眼睛想讓大腦放空，大腦也沒有休息。

事實上，有證據證明大腦在人入睡後會自行運作，那就是「作夢」。正因為大腦不照我們的意思在運作，所以才會作夢。

腦科學專家關注於「夢」的產生過程。我們作的夢，和在某處發生過的事或想法有關，也和前一天發生的事密切相關。平常在想、在意的事情也是夢的素材之一，十年前發生的事情也有可能入夢，甚至與二十年前發生的事情互相重疊。

有的時候沒有夢，但不是沒有作夢，只是不記得而已。腦科學專家指出「人記得的夢只有當天作的夢的1％左右而已」。因為我們每天晚上作了非常大量的夢，多到只能記得其中的一小部分。

05

在腦海中復甦的夢是記憶的重現工廠

大腦在夢的產生過程中，扮演什麼角色呢？它可能在重現我們的記憶。這是腦科學專家根據研究所提出的看法。從我自己的學習經驗來看，我相當認同。在之後的篇章我會引用腦科學最新的研究成果，同時透過我自身的體驗，來驗證這些看法。

腦科學專家指出「夢是在重現記憶」。我會解讀成，**「夢是記憶的重現工廠」**。

而利用睡前，對這種夢的重現作業提供新的「素材」，正是我的學習法的訣竅。

我們睡覺的時候，大腦這個重現工廠的倉庫裡，累積著與年紀相當的素材量。這些全部都是舊素材。如果提供新的素材，就會重現新的記憶，進而產生新的夢境。

所幸，**記得的夢通常是由較新的記憶所產生**。

舉例來說，從前的記憶經常會在夢境中復甦，像是夢見二十年前住的房子或街景、很久以前過世的人。但大多只有在醒來的那一瞬間會記得，洗臉的時候已經忘掉了。

不過，假如是夢見前一天的會議情景、兩天前擬的企畫書，或者一週前遇見的心儀女性或男性，就會意外清楚地記得。

你是否有過和同事聊起「我今天早上夢到你了」的經驗？那或許是因為夢的素材還很新，所以清楚地記得，也可能因為它是美夢，所以想一直記得。

這個研究成果讓我萌生了**有意識地利用夢**的想法。而為了落實這個想法，我開始努力學習睡眠和夢的機制，並且加以實踐。

夢會幫助記憶

新的素材
新的記憶

↓

在夢中重新產生！

06

瞭解睡眠的機制！REM睡眠和NREM睡眠

接下來，我想針對睡眠和夢的機制，和各位讀者建立共同的認知。

我們的睡眠分成**「REM睡眠」**和**「NREM睡眠」**兩種模式。在之前就已廣為人知，蔚為話題，想必也有許多人記得這兩個專業術語。

「REM」是取「Rapid Eye Movement」的首文字，直譯是「快速眼球運動」。即使閉上眼皮，眼球也不斷地動來動去。簡單來說，**「REM睡眠」是指大腦的淺眠。大腦和清醒時一樣在運作**。若是測量REM睡眠時的腦波，會顯示跟醒著一樣的波形，證明大腦正在運作。與此相對，**當身體完全放鬆，處於深眠、休息的狀態就是「NREM（Non- Rapid Eye Movement）睡眠」，眼球停止運動，大腦進入了休息狀態**。就算測量腦波，也會呈現平穩的波形，顯示大腦正在休息。反倒是身體相當好動，翻身、踢被子都是在NREM睡眠模式發生的。

REM睡眠和NREM睡眠會交互進行。一旦進入睡眠，會先進入NREM睡眠七十分鐘左右，然後換成REM睡眠二十分鐘左右，接著又進入NREM睡眠，反覆這種周期。也就是說，七十分鐘＋二十分鐘＝九十分鐘是一組，一個晚上會循環好幾次。

REM睡眠時大腦持續運作，有人說「作夢是因為淺眠」，這說法是正確的。**以大腦的活動來說，REM睡眠是淺眠，NREM睡眠是深眠。而從身體的角度來說，REM睡眠是深眠，NREM睡眠是淺眠**。總而言之，記得大腦和身體的「淺眠、深眠」正好相反，或許就比較容易理解。

我在思考這篇文章的架構時，ＮＨＫ的高收視率節目「老師沒教的事」中正好在討論REM睡眠和NREM睡眠（日本於二〇一二年二月二十九日播出），節目中說明，進入REM睡眠時，大腦對身體下指令的開關就會關閉。但有些時候，這個位於腦幹的開關會發生小故障，因此有人會在REM睡眠時，直接將作的夢付諸行動，例如夢話連篇或誇張的睡相。有人甚至會起身行動，即所謂的「夢遊症」。

開關故障的狀態稱為「快速動眼睡眠行為障礙」，是一種睡眠障礙的疾病，必須接受治療。

在「老師沒教的事」節目中，指出了非常重要的一件事：**REM睡眠時的大腦正在整理記憶，所以具有學習效果**。這也就是我將在本書中介紹的學習法所根據的學說之一。

REM睡眠與NREM睡眠

REM睡眠

- 大腦淺眠
- 身體處於休息狀態（深眠）
- 大腦正在運作
- 1次20分鐘左右

NREM睡眠

- 大腦深眠
- 身體處於活動狀態（翻身）
- 大腦正在休息
- 1次70分鐘左右

07

REM睡眠時的大腦正在全力整理記憶！

「REM睡眠時的大腦正在整理記憶，所以具有學習效果。」這句話深深打動我，我心想一定要好好把這件事記在腦中。

REM睡眠時大腦和清醒時一樣在運作。如果能讓大腦依照自己的想法有效地運作，肯定能夠提升學習效果。

我先前說「夢是記憶的重現工廠」，但就「REM睡眠時的大腦正在整理記憶」這一點而言，其實比醒著的時候發揮了更驚人的功效——**提高專注力**。

這可以從兩點說明。

第一：REM睡眠時的大腦，會關閉對身體下指令的開關，因此能夠更集中於「整理記憶」這項作業。

第二：因為進入了睡眠，所以看不見現實世界的任何事物。聽覺、觸覺、嗅覺都在休息狀態，不如清醒時敏銳，而味覺更是完全關閉。

感知現實世界的五感全部處於關閉狀態，所以不會接收到多餘的資訊。例如：我現在正坐在電腦前面敲鍵盤寫稿，如果稍微從螢幕移開目光，各種資訊就會不請自來地映入眼簾。若是望向窗外，便看見樹上綠葉被風吹動、聽見綠葉沙沙作響、看見有人走過馬路、聽見奔騰車聲，不時還會聽見直升機嘈雜的引擎聲。

簡直就是故意不讓人集中精神似地，多餘的資訊總會從五感躍入腦中。睡眠時就沒有這些干擾。**活動於REM睡眠時的大腦，不會接收到新的資訊，所以只能專注於整理舊的記憶、重現記憶等工作。**

這實在是一個良好的工作環境。換言之，這是阻斷所有外部刺激的好時機。

人在清醒時，來自四面八方的資訊會不斷出現
讚
ABC
123
f

進入睡眠後，五感關閉，不會接受到多餘的資訊
Zz

08

記憶的指揮官「海馬迴」越晚越活絡

這種專注力會使人夢見二、三十年前的景象。大腦以驚人的專注力重現從前的記憶，將之化為夢境。

此外，各位也知道在大腦中掌管記憶的是「海馬迴（Hippocampus）」。海馬迴又叫做「記憶的指揮官」，會接收新的資訊，按照優先順序分門別類，存放在大腦中適當的地方。

隨時從大腦取出需要的資訊，也是身為指揮官的職責。有一派學說認為——**海馬迴越晚越活絡**。

為什麼海馬迴晚上會變得活絡呢？目前好像尚無充分的論證，但可以確定的是，一旦阻斷接收新資訊的管道，海馬迴就會拚命地專注於整理舊的資訊。

雖說是舊的資訊，也請別認為是很久以前的資訊。正確來說，舊資訊指的是已經輸入海馬迴的已知資訊。這麼一來，就連睡前的資訊也會被認定為舊的資訊。

相對地，**海馬迴只會將即時的資訊視為新的資訊**。

在沒有即時資訊進來的睡眠期間，身為指揮官的海馬迴會勤奮地整理舊的資訊，而且會小心地處理其中較新、睡前接收到的資訊。

這種睡眠時的資訊整理，也是我親身的學習經驗。

如此一來，從隔天早上醒來到日落回家之前，前一晚努力記下的事仍會清楚鮮明地留在記憶中，只要喚醒記憶，馬上就會想起。

這可說是海馬迴優先處理睡前記住的內容，予以分門別類、整理加工所帶來的效果。

09

熬夜念書百害而無一利！死記硬背只會白做工

各位是否同意「睡覺的時候，大腦會以海馬迴為主，拚命地工作」了呢？

那麼，無視於大腦在睡覺時會拚命地工作，熬夜念書好嗎？從晚上到早上不間斷地處於清醒狀態讀書（特別是背誦科目）比較有效嗎？還是好好地休息、確保睡眠時間比較有利呢？

我從前在考高中和大學時，也經常熬夜念書。儘管覺得這麼做很空虛，但為了考上學校，仍認為這是理所當然的。

當時，考生之間常常提到「四上五落」。意思是睡四小時的人會考上，但睡五小時以上的人會落榜。當我是考生時，我很自然地把這句話當真，告訴自己「不能睡」，得認真念到三更半夜。

然而，若從「牢記」的角度來看，這麼做簡直錯得離譜。

如果隔天有考試，考題中恰巧出現了前一晚念的地方，或許稱得上是有效果。但是，因為沒有牢記，所以幾天後就會忘得一乾二淨。

這種做法就算適合學校的期末考，也絕不適合像耐力賽的考試。

東京大學的池谷裕二副教授以研究海馬迴而聞名，在其著作《加強記憶力》（《記憶力を強くする》，講談社）中，介紹了美國學者的研究結果，非常有意思，他提出以下關於記憶的資訊：

美國精神學家羅伯・史帝格德（Robert Stickgold）在二〇〇〇年的《認知神經科學》雜誌中發表的研究成果指出，為了學會新的知識或技能，在學習的那一天必須睡足六小時以上。若沒在強行記憶後好好睡上一覺，那麼記憶就不會銘刻在大腦的顳葉（Temporal lobe），幾天之內記憶便會消失。

顳葉是大腦的一部分，身為記憶、聽覺、語言等的中樞，發揮重要機能。不會銘刻在顳葉是指——海馬迴指揮官不會將接收到的資訊傳送至大腦的記憶體。

若以電腦比喻，輸入的資訊不會儲存在硬碟。或許會暫存於某個地方，但終究只是暫時儲存罷了。幾天之內，最長一個月，資訊就會消失地無影無蹤。

如此一來，**熬夜念書毫無意義，而且還縮減了寶貴的睡眠時間**，真是得不償失。

10

強化記憶、牢記在心，適當的睡眠時間是幾小時？

在記憶的重現工廠中，除了整理資訊外，也會進行強化、牢記等工作。比對、整理存量相當於年紀的大量資訊和前一天接收到的新資訊，再小心翼翼地存放於長期記憶的資料夾中。

強化記憶、牢記在心是指連結舊資訊和新資訊，進行以下分類：

「這和你的人生沒有關係，所以放這邊。」

「這是對一輩子有用的資訊。」

「這是為了達成你目前的目標所必備的。」

仔細地分類後，再將有用的資訊深深烙印在大腦中。

真的是非常感謝大腦啊！但熬夜念書等於是主動放棄這種令人感恩的事。

適當的睡眠時間因人而異，但成人一般是**六～八小時**。我大多是六個半小時左右，相當於四、五次**REM**睡眠的周期。

這四、五次的期間內，大腦會做大量的工作，所以我無論如何都會確保六個半小時的睡眠時間。抑或是說，我已經養成了習慣，所以能夠輕易地確保充足的睡眠時間。

請各位也務必**確保六小時以上的睡眠時間。至少要讓大腦好好地運作四次REM睡眠**。

下一章之後，是為了讓大腦將工作做得更好的準備階段。我會依序具體地講述睡前該做什麼才好。

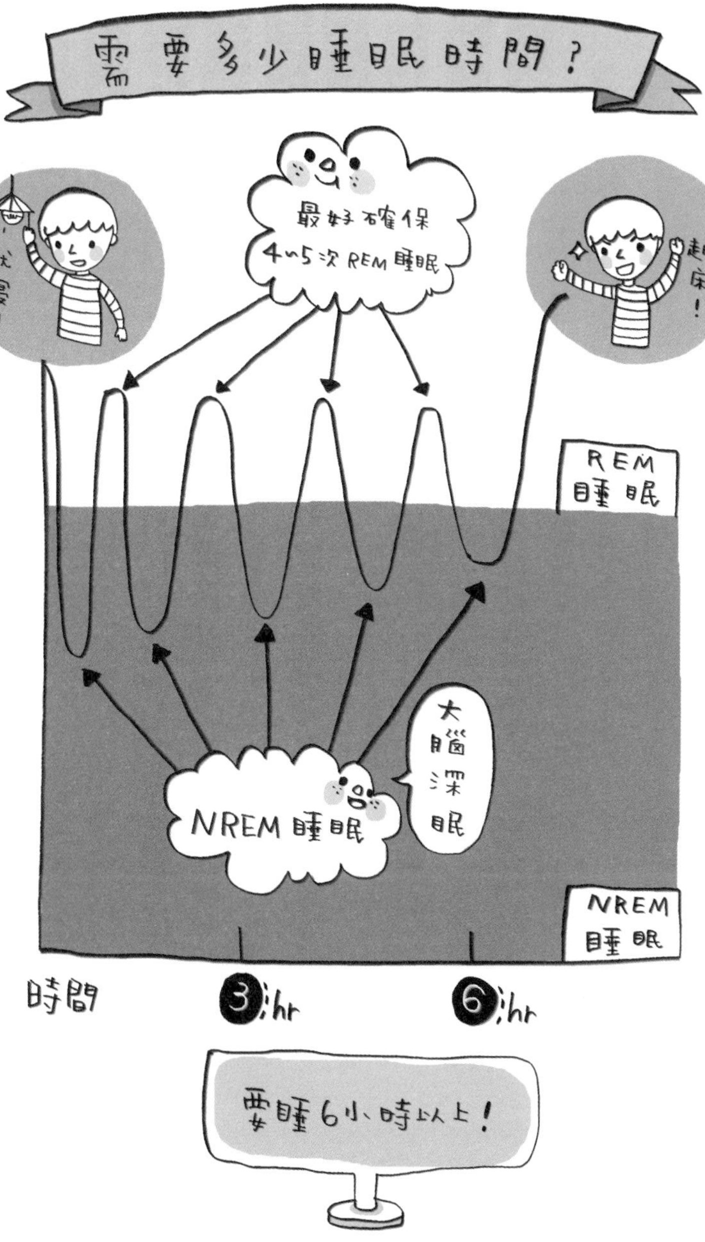
需要多少睡眠時間？
就寢！
最好確保
4~5次REM睡眠
起床！
REM
睡眠
大腦
深眠
NREM睡眠
NREM
睡眠
時間
3hr
6hr
要睡6小時以上！

第2章

令大腦開心，
記憶力就會提升

11 積極很重要！大腦喜歡充實的人生

我總覺得，大腦希望人過著更充實的人生，它會因為我們想法的不同，而決定是否執行這個原本具有的意念。當我們正面思考，想活得積極時，大腦就會全力支援，但沒來由地陷入消極的心情時，大腦就會拒絕工作而罷工。

當你滿心愉悅、正向地思考事情時，創意就會源源不絕地冒出來，對吧？從記憶的抽屜產生了各式各樣奇妙的點子。

相反地，若是變得消極，就擠不出半點創意；若是嫌棄自己的大腦「怎麼這麼笨」，大腦就會鬧彆扭，不願工作。當心中覺得「我是個沒用的人」，喪失自信時，大腦顯然沒有在運作。因為**大腦討厭負面的態度和生活方式**。

這也適用於作夢。當心情低落、有心事的時候，你是否會作奇怪的夢呢？想想看，「鬼壓床」是否也在這種時候呢？

所謂的「鬼壓床」是指：想要逃離夢境，但身體卻不能動彈的狀態。這是因為身體在完全放鬆、陷入深眠的REM睡眠時作夢。明明大腦在活動，但是身體沒有在動，這種時候如果作了討厭的夢，就會產生「鬼壓床」的現象。大多會跟從前討厭的記憶連結。

就此而言，大腦或許就是在對我們發出「你要活得更正面」、「要活得樂觀進取」的警告。

相反地，若是作了美夢，一覺醒來會覺得非常愉快。如果夢見和心愛的男朋友或女朋友約會，應該一整天都會感到幸福滿溢。

若是每天都很幸福，將來也會一片光明。因此，要心想「我要活得積極！因為我的大腦會全力支持我」。

12

不能給予大腦壓力，充滿壓力的背誦式學習是不可行的！

各位擅長背誦式的學習嗎？我不行。或許有人會認為，我考取了九十一項證照，應該很會背，但其實我真的很不擅長死背硬記這種學習方式。

我想起高中時代準備世界史的經驗，那時的學習毫無章法可言，我試圖從頭到尾背誦教科書和參考書的內容，每天晚上讀到三更半夜。我採取完全死背型的念書方式，拚命背「哪一年、在哪個國家、發生了什麼事、是誰引起……」這種史實。

回顧當年，我念世界史念得最痛苦，一點也不覺得有趣，只是悶著頭苦讀。我想，那時候大腦承受了相當大的壓力。

幾年前，我想報考歷史能力檢定，重新拾起書本，卻發現幾乎什麼也不記得，因此大感錯愕。

大腦不喜歡沒有自主性的背誦學習
喜歡的事
討厭的事
填鴨式的背誦
3.141592
6535897
正面的事
關心的事
Yeah!
CD
壓力
Pressure
在有壓力的情況下背誦內容，
即使能記住，但短時間就會忘記。

起初我還抱著些許期待，「怎麼說我也考上了理想中的大學，應該多少記得一點吧！」但是，全部還給老師了。

我甚至感到悔恨：「當時的學習算什麼！」

我確實在考試中獲得了不錯的分數，我的大腦在當時支援了積極努力、想先拚命考上的我。

我心想：「既然那麼努力了，雖然是暫時儲存，也會放進記憶時間較長的記憶儲藏庫才對。」然而，考試結束之後，大腦肯定認為「這些已經沒用了吧」，便刪除了記憶。

若是對照「大腦尋求充實的人生」這一點，純粹地背誦學習稱不太上是「充實的人生」。就突破考試這道難關而言，雖然是正面的，但是幾乎看不見未來，可說是一種應付一時的貧瘠學習法。

因此，大腦並不是真心地支援我。非但如此，因為我試圖塞滿大腦，所以大腦承受了巨大的壓力。壓力不但有害身體健康，對於大腦而言，也是相當不健康的。

填鴨式的背誦學習沒有自主性。若以工作比喻，就像是不曉得工作的目的和意義，只是默默地持續做著上級吩咐的工作。沒有人會對這種工作感到開心。進行這種工作時，心裡也不會感到充實，無法抱持正面的心態。

我想，**大腦不喜歡這種沒有自主性的背誦學習**，所以無法全力運作。

刻意讓大腦做它討厭的事，是非常吃虧的。如果總是讓大腦充滿了壓力，說不定真的會生病。

13 活用「即使不努力，也會自然進入腦中的自然記憶」

那麼，該怎麼做才好呢？我認為，記東西最好採用「自然記憶」。

「自然記憶」是我自創的詞，即使看腦科學或心理學的書也不會讀到。但我認為，這是最適合和大腦和睦共存的方式。

「自然記憶」是指：即使不努力背誦，也會自然記住。

喜歡歷史的人，即使不看任何小抄，也能滔滔不絕地說出「哪一年左右、在哪裡、發生了什麼事」。這與我在考試念書時，採取死背硬記的填鴨式背誦學習所獲得的結果完全不同，因為這些內容像故事一樣累積在腦海中。換句話說，若是完全理解歷史的全貌，就有可能發生這種事。

自然記憶很難忘掉

自然記憶

- 記住喜歡的事
- 調查好奇、不知道的事
- 因為日常使用而學會融會貫通

↓

長時間留在記憶中

填鴨式的背誦

- 死記單字或年號
- 臨時抱佛腳地念書
- 不情不願地背誦

↓

短時間內馬上忘記

歷史迷也有年代之分，像是喜歡戰國時代、明治之後的歷史，喜歡的部分會因人而異。然而，喜歡戰國時代的人當然會想知道至戰國為止的歷史事件。此外，也會想知道從戰國到天下統一的歷史變遷。

因此，即使沒有鉅細靡遺地記住所有時代發生的事，也會像故事一樣，以喜歡的時代為主，完全理解歷史的來龍去脈。而最後除了喜歡的時代之外，也會自然地記住重點（哪一年、發生了什麼事……）。

接著，讓我們試著思考語言學習。我為了背單字也吃了一番苦頭。然而，沒有比利用單字學習語言更無趣的事了，如同我念世界史一樣，單純地背誦單字馬上就會忘記。結果，不會說也聽不懂，淪為派不上實際用場的學習。這也是大腦不喜歡的貧瘠學習法。

再分享一下我高中時的事。我比較擅長英語，不過，我完全沒有使用當時有名的赤尾單字本（《英語基本單語熟語集單字》，赤尾好夫編，旺文社出版）等教科書，我一面閱讀以毛姆（William Somerset Maugham）[①]等人的散文為題材的英語文章，一面在故事中自然記憶單字。上大學之後，第一堂英語課有小考，我的成績是班上第二名。

只要在英語圈生活幾個月，英語自然能夠講得流利，聽得明白。雖然會依待在國外的時間長短和生活方式而有所差異，但如果是以留學的形式在當地購物、遊玩、生活，任誰都做得到。

在國外待過的人都說：「就算不念書，也會自然地學會英語。」

這正是**「自然而然」**。當然，大家總會隨身攜帶袖珍型字典或電子字典，遇上不懂的單字就查字典，那也算是自然記憶的範疇，因為你並不是為了背誦才查字典的。

---

①英國現代小說家、劇作家。畢業於托馬斯醫學院，原為婦產科醫生，並以醫生的經驗為題材，創作了長篇小說《蘭貝斯的麗莎》，之後棄醫從文，代表作《人性的枷鎖》（Of Human Bondage），帶有自傳色彩。

14

透過三句口頭禪提升「自然記憶力」

自然記憶是基於正面而充實的心靈，大腦非常喜歡，也非常歡迎，會把它收藏在記憶儲藏庫中的重要抽屜。

自然記憶法也能夠運用在各種考試。做法很簡單，在念教科書或參考書時，經常自問「**為什麼**」、「**目的是**」、「**如何做**」，一面思考一面往下閱讀。

我將「**為什麼**」、「**目的是**」、「**如何做**」命名為「口頭禪三兄弟」，在準備考照的過程中，總會不斷地以這三兄弟自問自答。

「**口頭禪三兄弟**」是加強理解的「催化劑」。就像是一面催眠自己「理解才能記住」，一面繼續念書。如果沒有仔細理解想記住的內容，那就絕對記不起來。

1. 不要照單全收。
2. 分出重點與非重點。
3. 特別留意重點！

理解等於是將內容納為己有。

並非作為通過考試等暫時用途的知識，而是對自己的人生有幫助的知識，必須跨越「忘記／不忘記」這種層次，讓知識融入身體（其實是累積在大腦的儲藏庫），積極運用，以便在某個時刻派上用場。這正是「理解」。

理解之後，不但能夠牢記，並且能使學習變得越來越愉快，心情也變得越來越積極，甚至會覺得自己的人生變得日益充實。這麼一來，大腦就會更積極地運作。

未經理解就想要記住一切，是囫圇吞棗的學習法。分不清楚什麼是重要的，也不曉得事件的連帶關係、前因後果，只是漫不經心地從頭記到尾，極為被動且欠缺自主性。這種做法一定會被大腦討厭。

換句話說，**在睡前一分鐘複誦無論如何都想記起來的事，或是抄寫筆記，這些行為都必須建立在「已理解」的前提下。**

能夠被劃分為重要的事，證明已通盤理解，於是大腦會確實地記憶。海馬迴會將它分類為「重要」，放進優先收件匣，進入REM睡眠時，進行強化記憶、深植腦海的工作。

如果自己認為很重要，那麼大腦就會記得。這可說是自然記憶的一種模式。

15 學習完重要的內容之後，最好將睡覺作為「學習結束」的儀式

從「學習心理學」的角度說明記憶的優先順序，其實也和自然記憶有關。

「學習心理學」是研究人類或動物透過學習而使行為模式改變的歷程，為心理學的分支之一。有名的實驗「巴甫洛夫的狗」[1]也是學習心理學的實驗案例，被引以為證。

這項學習心理學的研究成果中，可用**「倒攝抑制」**（Retroactive Inhibition）的概念來說明。如果在先學習的事（第一學習）之後，進行另一項學習（第二學習），將會妨礙先學習的事（第一學習）的大腦記憶。

舉例來說，如果在讀完英語之後，立刻讀國語，就會妨礙英語的學習效果。換句話說，會導致英語記憶的喪失。這特別會在學習類似內容的時候發生。

就我自己的經驗來說，我在報考社會保險勞務士[2]時，如果在讀養老年金保險

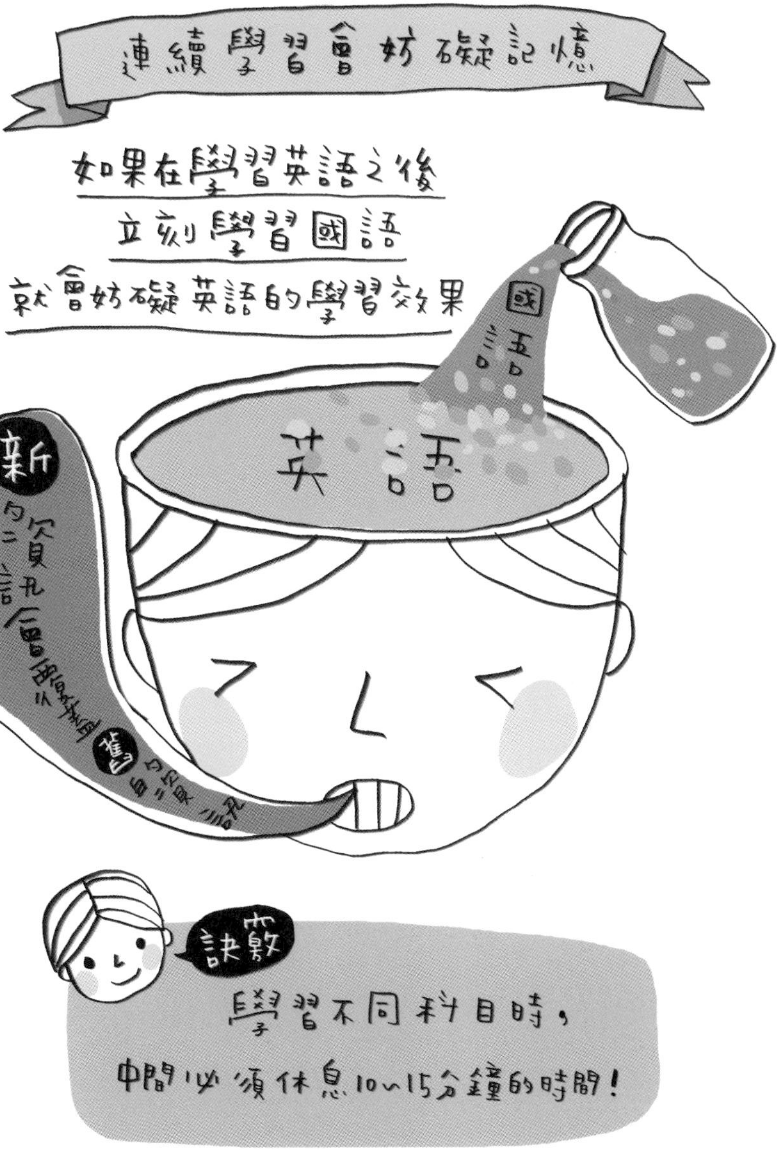
連續學習會妨礙記憶
如果在學習英語之後
立刻學習國語
就會妨礙英語的學習效果
國語
英語
新的資訊會覆蓋
舊的資訊
訣竅
學習不同科目時，
中間必須休息10~15分鐘的時間！

法之後讀國民年金法，就會經常混淆兩者的法令規定而大傷腦筋。

或許有人會持相反意見：「我同一天晚上學習不同領域的科目，但是我記得一清二楚」。我在挑戰九十一項證照的高峰期，也曾同時準備兩種以上的科目。不過，換下一個科目時，我一定會在中間休息。

因為我隱隱覺得，若是不休息繼續念下一個科目，之前的學習效果恐怕會減弱。持相反意見的人肯定也有中場休息。

休息時間因人而異，但如同學生時代的下課休息時間一樣，至少要**讓大腦休息十至十五分鐘**，否則大腦過度疲勞，將無法順利地切換至另個科目。此外，大腦在醒著的時候，無時無刻地從五感接收到各種資訊，若不讓大腦休息，資訊也無法再被有效地接收。

我並非一開始就知道學習心理學的「倒攝抑制」。事後回想起來，我之所以莫名擔心之前的學習效果減弱，是基於本能地察覺到了倒攝抑制。

因此，除了不得已的狀況之外，學習重要的內容之後，我都會告訴自己：「今天的學習到此為止」，然後上床睡覺。

這樣做之後，我發現自己起床後也清楚地記得念過的內容。不只是早上，到那一天晚上，不，是在那一天之後也一直清楚地記得。這件事是我的小發現。

我跟許多人一樣，對於自己過了五十歲之後，記憶力可能會衰退略感不安，但我再也不需要擔憂了。

我保證：「**人不會因為上了年紀而記憶力減退**。」讀完本書，必定能消除你對記憶力減退的不安。

---

①由獲得諾貝爾生理學或醫學獎的俄國生理學家——巴甫洛夫（Ivan Pavlov）所進行的實驗，指若是持續在餵狗之前，讓狗聽鈴聲，此後狗光是聽到鈴聲就會分泌唾液，此即「條件反射」。

②日本社會保險勞務士之資格取得以國家考試及格為原則。取得資格後，必須經過登錄手續，取得證照方得執業。業務範圍包含了社會保險及勞動法令有關書類之製作、相關事務之代理申請、申報、答辯或陳述，並代辦各項申請手續以及法令之指導、諮詢及答復等。

16 美國的記憶力實驗證實了睡眠的效果

有一個學術性的實驗案例能為我的學習法——將睡覺作為「學習結束」的儀式——背書。那是大約九十年前的古老實驗，由美國的詹金斯（J. G. Jenkins）和戴倫巴哈（K. M. Dallenbach）這兩名心理學家在一九二四年進行的實驗。

他們將受測者分成「立即睡眠組」和「整日清醒組」，然後讓兩組人記憶十個沒有意義的單字，測試哪一組能確實記得。

睡眠組的實驗是在晚上。讓受測者記住該記的內容之後，請他們馬上入睡；清醒組的實驗是在早上。請他們記住之後，如常進行一整天的活動。

你認為哪一組記得比較清楚呢？

是的，**睡眠組記得比較清楚**。大致來說，睡眠組超過一半的人記得，而清醒組記得的人不到睡眠組的一半，兩者之間的差距懸殊。

知道這項實驗時，我覺得很開心。它證實了**睡眠會提高記憶的保持率（再現率）**，完美地證明了我基於經驗獲得的一貫主張。

我暗自揣想：清醒組的分數之所以低，恐怕是因為學習心理學中所說的倒攝抑制發生作用。

相對地，睡眠組在睡覺期間，**大腦具有完全的專注力，致力於「整理資訊」和「強化記憶」**的工作。這一點證實了腦科學家的理論。

學習心理學和腦科學都發表了研究成果，證明在睡覺前，而且是睡覺前的一小段時間學習，對於「記憶東西」效果顯著，我們應好好活用。

17 早上「看重點」會進一步提高記憶效果

大家早上醒來時，心情如何呢？應該不至於是「唉！又要展開無聊的一天了……」這種糟糕透頂的心情吧（在看本書，就代表你是積極的），但如果總是伴隨著消極、懶散的情緒，倒是有點悲哀。如果每天醒來都是這種感覺，說不定這段期間，大腦會降低對你的支援。

我每天早上醒來總是神清氣爽，打從心底讚嘆：「今天也是美好的一天」。這是我力行早睡早起之後的事。熬夜的時候，如同前面提到的，醒來的感覺不怎麼好，而且心情會寫在臉上，讓我板著一張臉。因此，也對家人造成了負面的影響。

當我進行「**晚上早睡，五點清醒**」的規律生活之後，晨起的感覺變得舒泰爽朗。

我想，這與**睡前自主性地給予大腦正面的刺激**也有莫大的關係。

之所以突然提到早上醒來的心情，是因為我想建議大家，**早上起床之後應立刻確認是否確實記得睡前學習過的內容**。也就是檢查睡覺的時候，大腦有沒有好好工作，而大腦應該也希望你替它的工作成果打分數。

我總是一起床就馬上確認睡前學習的內容，同時也是複習。

大腦在早上會結束睡覺時進行的整理資訊和強化記憶工作，然後慢慢地進入「今天的準備態勢」。醒來的那一瞬間，尚未接收到任何今天的資訊，呈空白畫布般的狀態，如果在這時稍微複習一下，身為指揮官的海馬迴就會立即進行分門別類的工作。

具體而言就是瀏覽睡前學習過的重點。如此一來，大腦會這樣回應：

「喏，記得一清二楚吧？因為才剛放進儲藏庫。可是，既然你一早又複習，可見非常重要，所以放進優先順序最高的抽屜吧。」

早上的複習形同在與大腦進行這樣的對話。大腦會進一步認知到它的重要性，把內容深植腦海。

18

早上也要確保三十分鐘，悠閒地度過一個人的時間

早上醒來的複習，對於記憶會發揮相當強大的效果，我有絕對的自信建議你嘗試看看。

這項複習工作最好在**刷牙洗臉之前**進行。如果先洗臉、上廁所，或者丟垃圾，大腦這塊畫布就不再空白了，因為大腦會吸收到各種外部刺激。

而若是跟家人同住，總會發生搶廁所、小口角等偶發狀況，大腦會因此鬧彆扭，千萬要小心。容我再次提醒：大腦喜歡積極而充實的心靈，最討厭早上的爭吵。

就這個意義而言，關於早上的度過方式，我有另一個重要的建議：和睡前三十分鐘一樣，必須維持爽快舒暢的心情，**確保三十分鐘左右的獨處時間**。

一般在上學、上班的平常日，雖然很難做到這一點，但如果養成習慣，一定會開啟更美好的人生。

早上也要打造專屬於自己的30分鐘！
a.
睡過頭了
早餐來不及吃啦
嗚嗚嗚
快遲到了
b.
這30分鐘
太美好了！
a.和b.
你選擇
哪一種呢？

再者，起床後手忙腳亂地準備出門，這種**慌慌張張的態度不會令大腦感受到人生的積極和充實**，大腦不喜歡，也就不會支援。相反地，大腦會感受沉重的壓力。

如果心裡一直想著：「不能遲到」、「來得及嗎」，腦滿子都是公司的打卡鐘或學校的上課鐘，這會使大腦完全變成「公司的」和「學校的」，而不屬於「自己的」。必須讓大腦始終在屬於**「自己的」**的狀態下運作。

我們常常忽略自己身邊的小事，例如：在上班或上學路上，從沒有注意過路邊開著漂亮的花；縱然街道上有了季節的變化也渾然不覺；即使公車、捷運上的廣告出現對你有幫助的資訊，眼睛也不會注意到。這真的很可惜。

大腦也討厭這種忙碌的生活，會降底對外在的感知力。如果不抱著從容的心情觀察四周，就無法磨練感知力。所以，必須**鍛鍊從容的心靈與態度**。

19 「早上複習」之後，最好悠閒地散步

那麼，確保三十分鐘左右的悠閒獨處時間，要做什麼才好呢？充當學習或工作時間也不錯，但根據我的經驗，起床之後的三十分鐘，大腦似乎還不想活絡地工作，所以很難如願地記憶。

我認為最理想的方式是──**早起複習後，梳洗完畢，一個人出門散步**。

然而如同我所說的，這是「最理想的方式」，現實中我並沒有每天執行。但是在挑戰考照的日子，只要晴天我幾乎都會去散步。起床後散步三十分鐘，在無形中會對大腦產生各種加分效果，像是**淨化沉澱**、**活化腦力**、**提升學習意願**等等。

那時我每天走不同的散步路線，盡量經過公園。早晨的公園，樹木欣欣向榮，令人感到正面積極。

除了公園之外，早晨的街道也讓人覺得和善，甚至連房子和大樓等建築物也散

發煥然一新的光輝。

這種早上宜人的氣氛，應該與空氣的狀態有關。黎明之前降溫的地面、建築物、行道樹和公園的花草，一經破曉的陽光加溫，就會產生晨霧。晨霧蒸發時，空氣中會產生大量的負離子，這種負離子會淨化空氣，使空氣清爽。

最近也有許多家電產品都主打負離子，聲稱負離子具有令人放鬆和消除疲勞的效果，但在科學上尚未獲得充分的證實。然而，我認為這種科學性的邏輯並不重要。重要的是，我的五感在散步時感到「神清氣爽」，這樣就夠了。

20 不可以從一大早就狂操大腦！

若是五感覺得舒適，這種舒適感也會直接傳送至大腦。

我在散步的時候，會讓大腦徹底休息。絕對不會一面閱讀、一面散步，而是空手散步。

我也不想帶手機，但考量到家人的健康狀況，有必須緊急聯絡的可能，所以還是會放在口袋裡，但我時常忘了它的存在。

儘管如此，散步的時候，我基本上還是處於**放空**的狀態。我會**讓大腦停止記憶**，因為大腦應該也不想從一大早就忙碌地工作。

我總覺得這個時候，大腦會開心地吸收五感接收到的舒暢感覺，並將之化為自己的養分。

因此，我在這段散步的時間內，只會邊走邊呼吸清新的空氣，以五感感受四周光鮮閃耀的景色。

結束三十分鐘左右的散步後，我會在車站附近的咖啡店喝杯咖啡，然後回家。

原則上，這個咖啡時光也不會讓大腦工作，唯獨在接近考試的時候，我會複習前一晚學習的內容。

咖啡店在此時已經有不少客人，看到人群，大腦也會覺得「差不多該動起來了」。換句話說，大腦做好了整理資訊、強化記憶的前置準備，所以也會欣然接受學習。

不過，實際上我很少那麼做。就算要在早上學習或工作，通常也是等到回家之後再說。我認為這樣比較體貼大腦。

21 笑容會使大腦變積極

早上的度過方式當中，還有一件重要的事。就是——**起床第一次見到家人時，一定要笑著道「早安」**。

我前面提到，我從前是夜貓子的時候，很少跟家人打招呼，總板著一張臉，但這會對大腦造成負面影響。大腦喜歡積極而充實的生活，如果總是板著一張臉等於完全違背大腦的喜好。

年輕的時候，內人曾提醒我：「你一臉那麼可怕的表情，沒有人會給你工作唷！」

當時，我在經營一家小型的出版製作公司。業務內容是向出版社承纜工作，從企劃開始製作書籍或雜誌，獲取一定的報酬。身為看人臉色吃飯的人，要是被出版社討厭可就完了。

但年輕的我好像總是一臉憤世嫉俗的樣子，於是內人的提醒有如暮鼓晨鐘一般，讓我醒悟。

之後我去出版社的時候，總會拚命擠出笑容，也確實因此沒有被討厭，我必須感謝內人的當頭棒喝。

順帶一提，如今我已完全習慣了笑臉迎人，拍照的時候，攝影師還會稱讚我：「老師，您的笑容真好看。」

不過，我並不是為了炫耀而提到這件事。我想說的是：**只要你願意改變，你就能改變**。就像我曾是典型的夜貓子，現在卻判若兩人似地變身成了早睡早起的人。

說到這個，卡內基暢銷全世界的《卡內基溝通與人際關係──如何贏取友誼與影響他人》（《*How to Win Friends and Influence People*》）中，也提到了一樣的事。

我在此簡要地描述一下。

有一位實業家來找卡內基討論。他說：「我的事業不見起色，我該怎麼辦才好呢？」

卡內基立刻給予建議：「原因在於你的臭臉。從明天起，一覺醒來就先對著鏡子笑。先以笑臉向尊夫人道早安。然後，外出不管見到誰，都要笑著說『早安』。每天持之以恆。」

實業家乖乖地按照建議，從太太、公寓的管理員到車站人員等，持續對見到的每一個人微笑道早安。

幾個月後，他的事業蒸蒸日上。

回歸正題，我想建議各位的是：**早上醒來之後，先複習睡前學習過的內容，確定牢牢記住之後，去洗臉，然後笑著向家人道「早安」**。獨居的人最好對鏡子裡的自己打聲招呼再出門。

道完早安之後，出門散步三十分鐘。如果不方便散步的話，就打開窗戶，一面眺望景色，一面呼吸戶外的空氣，哪怕是十或十五分鐘也好。這個時候，要將學習和工作的事通通拋開，獨自悠閒地度過。

接著愉快地吃早餐。早餐之後，可以稍微念點書，也可以準備出門上班，讓大腦開始做今天的第一份工作。

如果能養成習慣，各位的人生一定會有所改變。

在此，我要針對習慣補充。**「道早安」**和**「笑臉迎人」**都能透過練習成為習慣。認為「非做這件事不可」而行動，還不算是習慣。如果只到達這個階段，就可能中途而廢。

據說從「刻意行動」變成「下意識的習慣」，需要持續採取同樣的行動六個月。我想，假如能以六個月的努力來改變人生，沒有比這更令人開心的事了。

22 「晚上睡前」和「早上醒來」之間的關係密不可分！

這明明是一本關於睡前學習法的書，我卻花了不少篇幅在講早上的度過方式，但為了像這樣體貼大腦、充滿活力地度過早上，另一個關鍵就在於如何度過前一晚。

「晚上睡前」和「早上醒來」息息相關。

如果晚上過得紙醉金迷，早上醒來的感覺就會其差無比。如果睡前以積極的心態準備迎接早晨，早上醒來就會心情舒暢。

入睡前一分鐘的學習和醒來之後的複習，是記憶的重點。如果將這件事養成習慣，記憶力就會驚人地提升。

我在睡前總會在枕邊準備**「睡眠七道具」**，像是筆記本、紙卡、便條紙等。其實，這七樣道具也是「清醒七道具」。我之前在準備考照時，都是充分使用這七樣道具來強化記憶。關於這七樣道具，會在往後的章節中詳細介紹。

我在上一章的最後提到了睡眠時間，我認為，為了迎接清爽的早晨，並且將記憶效果提升到極限，睡眠時間還是必須超過**六小時**。

世上確實有著像拿破崙這種一天只需要睡三小時的人，但應該將他視為例外。根據腦科學的研究，有極少數的人擁有特殊的身體機制，他們短時間的睡眠就相當於一般人睡六到七小時。然而，對於身為一般人的我們，改善睡前的作息和早上醒來的品質很重要。短時間的睡眠會阻礙記憶效果的提升。

我建議的睡前一分鐘學習法，也會因為睡眠不足而導致效果減半。我敢斷言——**低於六小時的睡眠並不健康**。再者，若是睡眠不足，早上一定擠不出大腦喜歡的笑容。

提升記憶力的生活作息
晚餐、洗澡等
睡前
重點瀏覽
睡眠
6小時以上
起床
複習
吃早餐etc
自由時間
30分鐘左右
日常活動
學校
公司
回家

也有學者強調，**記憶需要六小時的睡眠**。

美國精神學家羅伯・史帝格德指出：**睡眠不足會使記憶力減退**。他同時也強調：如果想要牢記新知，學習的那一天要睡六小時以上。

若是套用學習心理學中「倒攝抑制」理論，則要在睡前學習想記住的內容，然後直接睡六小時以上。

換句話說，就是睡前一分鐘瀏覽重點，醒來之後迅速複習。這麼一來，就可能完全記住。

這是我基於經驗獲得的智慧，如同以上所說，也合乎學術界的見解。

第3章

睡前1分鐘是「懶人」的學習法

23

以睡前一分鐘學習法輕鬆背誦歌詞的朋友

以下是我和愛唱卡啦ＯＫ的朋友之間的對話：

朋友：「高島，你有沒有什麼背歌詞的好方法？如果記住歌詞，不管在哪都能邊哼邊練習。」

高島：「有啊。把想背的歌詞抄起來，在睡前瀏覽幾次。可以邊哼邊看，也可以只在腦中哼唱。」

朋友：「睡前是指躺在床上之後嗎？」

高島：「這個嘛。我想，坐在床邊也可以。」

朋友：「別聽歌比較好嗎？」

高島：「戴著耳機邊聽歌邊背是很有效，但是這麼一來，就會變成正式的練習。這在睡前對於大腦的刺激太強，所以不太建議。」

朋友：「我會馬上試試看。」

幾天後，朋友打電話給我。

「哎呀，高島！你真是厲害。我一字不漏地背起來了。我去卡啦ＯＫ、音樂酒館時，不看歌詞也能唱，挺帥氣的。謝謝你。」

朋友按照我的建議，在睡前一分鐘一邊看自己抄寫的歌詞，一邊在腦海哼唱，反覆兩三次地練習，睡意漸漸增加，最後自然地睡著。

然後早上確認是否記得，利用上廁所時直接哼唱不看歌詞，結果清清楚楚地記住了想背起來的部分。

當然，不只是早上記得，白天邊走邊哼也不會忘記。朋友說他試了好幾次都記得。

他花了幾天的時間，每天更換之前怎麼背也背不起來的段落，持續做同樣的事，結果整首都背起來，去卡啦ＯＫ、音樂酒館都能愉快地歡唱。

朋友按照我在上一章建議的步驟執行，牢牢記住了歌詞。他原本就愛唱卡啦ＯＫ，所以肯定樂在其中地持續進行了睡前一分鐘學習法。

補充一下，我建議他抄寫的歌詞筆記是「睡眠七道具」之一。比起複製上網找到的歌詞，**使用自己親手寫的筆記紙卡，是睡前一分鐘學習法的訣竅**。

24 保持愉悅的心情入睡，效果加倍

這位朋友的例子中，還有另一個容易記住的要素，也就是**大腦「樂於支援」**。因為在做喜歡的事，所以心情愉快。這可說是符合了我之前一再反覆提到的「大腦喜歡積極而充實的心靈」這一點。

要使睡前一分鐘變成更有效的時間，最好在準備入睡之前，事先打造這個條件。也就是說，要**保持愉悅的心情，營造入睡的氣氛**。

和家人在睡前吵架是最糟的情況，不管是夫妻或是兄弟，這大概是大腦最討厭的模式。因為我本身就有過這種親身經驗。

如果晚上和老婆大吵一架之後念書，學習的內容可說是「過目即忘」。此外，和家人吵架、或者回家前和朋友或情人吵架也是一樣。

尤其和情人大吵一架之後，明明經過了相當長的一段時間，這件事還是在腦海

中揮之不去，甚至連學習的意願都消失了。一旦到了上床睡覺的時間，才後悔幾小時前的吵架而睡不著。我想，各位肯定都有過這種經驗。

當然，吵架不是唯一令人不開心的原因。

在公司或學校發生討厭的事情，久久纏繞於心；在捷運上或店裡看到不想看到的事時、看完悲傷的電影或電視劇之後、看完恐怖的電影或書之後……這種時候，睡前一分鐘學習法會明顯失效。

儘管如此，人在生活中，不可避免會遇到悲傷或驚嚇的事。如果因為書跟電影「很可怕、很悲傷」，就全面避免去看，未免有點因噎廢食。這麼一來，對於人而言最重要的喜怒哀樂等情緒將會逐漸退化。

那麼，該怎麼做才好呢？至少從睡前三十分鐘左右開始，如果可以的話，**從睡前一小時左右起，做令人心情愉快的事**，努力轉換心情。

以我來說，我會在回家之前，到車站前面的居酒屋小酌幾杯，忘掉討厭的事。

當然也可以在家裡喝，但我喜歡在居酒屋「獨自喝酒」的感覺，這和在家裡吃晚餐時喝兩杯是不一樣的感受。

具體的方法因人而異，但是不管怎樣，睡前讓心情愉快，肯定是致力於「記憶」這個課題所不可欠缺的條件。

25 準備「睡眠七道具」

這一節要鄭重地介紹我大力推薦的「**睡眠七道具**」。每一樣都在我挑戰考照時，發揮了卓越的效果。不僅僅是針對考試，對工作層面也大有助益。具體說明請參看左圖所示。

第❷項道具「便條紙／筆記本／紙卡」指的是空白的便條紙和已經寫好重點的筆記本，會依當天的使用情形而有所不同。我每天一定會準備空白的便條紙，這是用來記下**睡前想到的創意或忽然想起的事情**，我經常心想「明天要做這件事」，然後把想到的事情寫下來。

就使用方便性而言，便條紙勝過筆記本。

而在「提升記憶力」此一主題上，具體做法為，事先把「一定要記住」的事情手寫在便條紙或紙卡上，並在入睡前一分鐘瀏覽複習。關鍵就在「**親筆書寫**」。不要使用電腦製作列印的便條紙或紙卡，用手寫效果更好。因為書寫這個行為

事先在枕邊準備好的睡眠七道具

❶ 床頭燈
只要是能夠照亮枕邊的照明設備，什麼都可以

❷ 便條紙／筆記本／紙卡
選擇適合自己的任何一樣即可

❸ 多色原子筆
紅、黑2色原子筆亦可

❹ 錄音筆
具備錄音功能的手機亦可

❺ 字典
電子字典或有字典功能的手機亦可

❻ 記事本／日記本
建議記錄之後會提到的「一句話日記」、「作夢日記」

❼ 小型收音機
只要是具備收音機功能的小型機器，什麼都可以

本身就有助於記憶。

便條紙或紙卡的分類並不明確，哪一種比較好因人而異。隨手在便條紙上寫好撕下，隔天也可以隨身帶著看。

至於紙卡的大小，最好是能夠放進襯衫胸前口袋的名片尺寸，或是週刊雜誌的四分之一尺寸（約88 mm × 125 mm）。前一天記下的東西，隔天也可以很輕鬆地在公車、捷運上拿出來看。此外，紙卡比單張便條紙有厚度，整理與保存都相對容易。

取得的方式也相當便利，文具店有賣空白的紙卡，便條紙則時常有業者免費贈送。若是講求環保，親手裁剪回收紙張也是好辦法。

第❸項的原子筆是用來寫下隨時想到的事，準備多色是為了在寫下的筆記中分出重點。

我會隨時準備第❹項的錄音筆，懶得寫字的時候，可以直接錄音。我也建議事先親自錄製想記的內容，睡前可以邊聽邊記。

26

事先放在枕邊方便使用的電子字典和日記本

「睡眠七道具」的第❺項是字典。不僅是睡前的時間，白天我也隨時將它帶在身上。閱讀書報雜誌的時候，如果遇到不懂的術語、意思不確定的字詞，不要忽略跳過，要趁機會查字典。確實**查字典、確認詞義**這件事，對大腦會成為良好的刺激，加強記憶效果。

睡前一分鐘亦然，所以我會放在隨時可拿的地方。

字典分成許多種，以使用便利性而言，能夠隨身攜帶的袖珍型最為適合；而以字詞量及功能性而言，電子字典涵蓋最廣。

第❻項是記事本和日記本。有時候會想在睡前確認未來幾天的行程，所以我也總是會將記事本放在枕邊。

日記本雖名為「每日一記」，但千萬別想成是每天都要寫，事實上是我後面會提到的「一句話日記」或「作夢日記」專用的袖珍型日記本。不必特地去買精美的日記本，一般文具店賣的簡單筆記本就可以，或是利用銀行或壽險公司送的記事本，既實用又經濟。

年輕人聽到第❼項收音機，或許會無法會意。在這個世代，大多數人都是以iPod、MP3播放器，或者智慧型手機來聽喜歡的音樂。

但我們這代人從電視出現之前，就聽著收音機長大，所以覺得它比較親切。收音機和電視不一樣，能夠邊聽邊做其他事，例如：一邊聽收音機，一邊念書、工作，所以到現在我還是很常使用。

除了掌握時事外，還可以知道新的流行、新的事物，收音機成了我跟上時代的一大幫手。

不過，在執行一分鐘學習法的期間，集中精神完成記憶之後，就別再聽收音機，直接入睡較為有效，所以我不太建議「邊聽邊做其他事」。頂多是睡不著的時候，戴上耳機邊聽收音機，邊躺著閉目養神，等到想睡了再關掉，作為輔助道具偶爾聽一聽倒是無妨。

然而若是在睡前三十分鐘的學習、工作期間，可以當作背景音樂來聽，有助於沉澱思緒、平靜心靈。

若是失眠或是半夜醒來，與其在寂靜中催眠自己「快睡、快睡」，給予大腦「快睡」的壓力，不如透過音樂讓自己輕鬆地重新入眠。

挑選的電台也很重要，廣告太多或者主持人大聲說話的節目，反而會讓人清醒，不適合在睡前收聽。比較推薦的是播放輕音樂、語調和緩的節目，讓大腦在不知不覺間，繼續重現記憶的工作。

27

睡前的學習要「微小、精略、簡短」

準備好七項道具後，鑽進被窩，或者坐在床邊，然後心想「睡覺吧！」此時請記住進行「今天最後的學習」時的大原則。

基本上要**「微小、精略、簡短」**。

「微小」是指不要做太大工程的事。只限於微量地學習、微量地念書、微量地複習、微量地瀏覽。

「精略」是指不管做什麼都要以**精省**、**概略**的形式進行。別想全部記住，而是維持「稍微做一下重要的部分」這種態度。也可以說是「省能型」。此時不可以使用太多能量。

「簡短」是指在短時間內打住。千萬注意，不要「一不小心就占去很長一段時間」。掌握原則，目標時間是**一分鐘**。

然而實際執行時，一分鐘有可能變成兩分鐘、三分鐘，但最長頂多三分鐘，即使是偶爾破例，也不要超過四分鐘。這個原則有點瑣碎，但基本上，我希望你記得「五分鐘太長了」。

我在上一章強調「理解」的重要性。一旦出現不懂的部分，想要打破沙鍋問到底時，我經常會以「口頭禪三兄弟」（「為什麼」、「目的是」、「如何做」），不斷地深入挖掘。

但是，如果在睡前一分鐘這麼做，一分鐘就會延長為十五分鐘、三十分鐘，甚至更久。**「口頭禪三兄弟」可作為睡前三十分鐘的記憶技巧，但是入睡前必須避免**，否則會失去睡前一分鐘學習法的效用。

如果在睡前為了理解而深入追究，身體會分泌腎上腺素，大腦會變得亢奮，在這種情況下極有可能睡不著，有時就算睡著了但卻會惡夢連連。

心裡想著「來睡覺吧」，然後鑽進被窩或坐在床邊，大腦接收到這個訊息，隨時準備進入「重整今日記憶的工作」，如果在這個待命情況之下，時間又不斷拉長，甚至接獲新的指令，要求大腦恢復原本的狀態，這樣會擾亂大腦的運作，身為指揮官的海馬迴肯定會生氣。

睡前的學習要「微小、精略、簡短」

微小

不做正式的學習

只做微量地複習、瀏覽

精略

不要一把抓

精選重點

忽略細節

簡短

不要長時間學習

最好是短時間（目標是1分鐘）

28

睡前不讓身體分泌腎上腺素

睡前一分鐘只能重點瀏覽已經理解、瞭解的內容。即使心中又冒出「口頭禪三兄弟」，最多只能完整回答一輪，如果想進行第二輪，就必須逼迫自己爽快地放棄，等到明天再說。換句話說就，就是徹底執行「精略」原則。

不僅睡前一分鐘，從睡前三十分鐘左右開始，最好盡量避免為了理解而深入追究知識。因為身體一旦分泌腎上腺素，一時之間情緒將很難平復下來。

各位在學習或查資訊的時候，會不會有想「大聲歡呼」的時候呢？像是終於明白不懂的事，或者有了新的發現時，任誰都會開心又興奮吧。

這種正面的興奮不是壞事，而且對大腦而言，也是可喜的一瞬間。但是，這種既開心又興奮的情緒不會在幾分鐘之內平靜下來。說不定也有人會開心地傳簡訊給朋友，或者笑瞇瞇地在房間裡走來走去。除了大腦之外，身體也可能動起來，所以需要相對的時間讓身心恢復到原本的狀態。

因此，無論是睡前一分鐘或是三十分鐘，都必須遵守**「微小、精略、簡短」**的原則，以免發生這種情況。若是要進行會讓「口頭禪三兄弟」一再出現的學習或研究，則必須在睡前三十分鐘結束，盡量不要選在晚上，最好是在**早晨、上午**心情平靜的時候進行。

睡前三十分鐘左右要選擇簡單的內容，避免掛心於太過艱深的部分。可以像我一樣，懷著一邊小酌一邊學習的輕鬆心情來進行。但如果你是一喝酒就停不下來的人就別這麼做，因為喝酒會刺激腎上腺素，這樣可就枉費了睡前的努力。

29

睡前的時間該做哪種學習比較好？

無論是研究、學習，或者工作方面的企畫提案、調查報告，都少不了作為參考文獻的書籍。而在現在這個「秀才不出門，能知天下事」的網路時代，只要連上網路，幾乎什麼雞毛蒜皮的小事都能查到相關資訊。但上網搜尋並非萬能，往往容易淪於表面之詞，而且混雜了不少偏頗、含糊，甚至錯誤的內容。

單就念書而言，幾乎沒有人不靠實體紙本書（教科書、參考書等）。

那麼，睡前看書有什麼訣竅嗎？

有的。以不要深入探究的讀法最好。關鍵在於**「大致瀏覽、不求甚解」**。視情況而定，也可以加入**「廣泛閱讀」**。

睡前看的書分成兩種。一種是一次也沒看過的書，另一種是已經看過，作為參考的書。我建議在睡前看的是後者。在這邊先假設看的是一次也沒看過的書。

睡前的看書方法

睡前30分鐘

不細讀，隨便翻閱有興趣的書

進行「擷取精華速讀法」

入睡前1分鐘

只要迅速瀏覽有貼標籤，或做記號的地方

進行「銘記學習法」

睡前一分鐘要貫徹「大致瀏覽、不求甚解」這種讀法。若是時間拉長到睡前三十分鐘，則也包含「廣泛閱讀」。

不論是哪一種書，都要進行速讀。說到速讀，甚至有專門教授的課程和講座，所以有人會認為速讀必須經過訓練才辦得到。其實並非如此。

在速讀講座中，似乎是以多快翻頁或多快動眼（眼球活動）為主來進行訓練。但是，我提倡的速讀並非如此。我回歸速讀原本的目的——在有限的時間內，掌握（理解）最大值的內容，並致力於開發這項技巧。

我一次也沒參加過速讀課程或講座，但是不費吹灰之力地學會了速讀。我相信大家也一定能夠學會。

30 立刻辦得到！「擷取精華速讀法」

一開始先打開書**瀏覽目錄**。各位在書店挑書的時候，八成都會先看目錄，這道理是一樣的。

目錄網羅了一本書的關鍵字。看一看那些關鍵字，就知道整本書的全貌和內容架構，明白內容為何、作者想以何種邏輯表示、想向讀者強調什麼、傳達什麼……等。

如果無法完全清楚掌握整體的主旨、作者的主張，也可**迅速看過「前言」或「序言」**。即使不讀完整本書，「前言」或「序言」中也會有作者特別強調的地方，邊看邊找出重點閱讀，只要幾分鐘即可看完。習慣之後，不到一分鐘就能理解。

這些都是在書店挑書時不可或缺的重點。我認為，必須確認這幾點，才能不被世俗的評論和出版社的宣傳文案影響，買到自己真正感興趣的書。這可以說是買書時的鐵律。

如果先瀏覽書的目錄，就會記得大致的架構，閱讀時，更可以理解、掌握書中所敘述的主題。

接著要進行本文的速讀。

高島派的速讀法不需要經過訓練。若是不習慣，起初或許會稍微花一點時間，但是兩、三次之後一定會漸漸熟練。我想，看五本之後，速度就會變得跟我一樣快。

高島派速讀法又稱**「擷取精華速讀法」**或**「段落理解式閱讀法」**。

文章有段落。段落是不換行的一段文字。最近的書為了讓讀者方便閱讀，換行的頻率有變高的趨勢，但一般還是以三到四行構成一個段落。每個段落都只要挑著讀第一句（到句點「。」結束的地方為止。長句的情況下，看到逗點「，」為止亦可）和最後一句。

解讀英語的長句有一個規則，段落中只有一個重要的句子，稱為「主題句」。**主題句大多在段落的開頭或結尾**。

我試著運用這種主題句的思考方式，雖然並非全部如此，但在只看段落的開頭和結尾的過程中，也能逐漸掌握每一節或每一章的主題。在不知不覺間，也掌握了放在開頭和結尾之外的主題句。

發現主題句的訣竅在於**注意「但是」、「亦即」、「換句話說」、「總而言之」等連接詞**。主題句以相當高的機率放在這些連接詞的後面。一旦習慣之後，不必受限於段落，光是跳著看連接詞後面的句子，就能夠充分理解內容。

只要跳著看主題句就能看懂內容，也是因為透過預先瀏覽目錄，理解了整本書的全貌和主旨。「擷取精華速讀法」是基於**瀏覽目錄**和**尋找連接詞**這兩大步驟所構成的。

任誰都辦得到的「擷取精華速讀法」
步驟一
瀏覽目錄
=
掌握整體內容
步驟二
只看第一句和最後一句。
但是，
重要句子大多出現在連接詞後面！

31 烙印在睡前腦海中的「銘記學習法」

上一節介紹的高島式速讀法是以第一次看的書為對象，所以不適用睡前一分鐘。不僅是不適用，根本無法在一分鐘內讀完並理解內容。

不過，我認為如果是睡前三十分鐘就辦得到。若是商業書或實用書，也能在十分鐘或十五分鐘以內理解。

那麼，睡前一分鐘是不是不要拿起書比較好？

那倒不是。而是要拿起**看過一遍、已經理解內容的書**。

這和我的另一種讀書法，或者應該說是學習法有關。我將它命名為**「三次學習法」**。簡單來說，就是以左圖不同深度及廣度進行的多次學習。

讀三次，以加深理解的「三次學習法」

第1次＝賽馬式學習

像純種賽馬一樣高速閱讀。

＊瀏覽目錄。

＊透過「擷取精華速讀法」理解整體內容。

↓

第2次＝公牛式學習

像公牛一樣緩步踏實前進。

＊仔細閱讀學習。

＊以螢光筆在重要的地方做記號。

＊可進一步製作重點紙卡。

↓

第3次＝銘記學習

重點複習，讓資訊銘記在心。

＊只挑劃重點的地方。

＊檢查是否記得。

＊可運用公牛學習中做好的重點紙卡，即使沒有書也能隨時隨地複習。

我在努力準備考照時，也拚命念專科的教科書和參考書，以學習方法而言，這種「三次學習法」非常有效。

睡前三十分鐘以上的學習法，以三次中最後的「銘記學習」最適合。也就是說**睡前最適合複習之前仔細學習過一次的重要地方**。

也可以採用「擷取精華速讀法」，但睡前不可以讓身體分泌腎上腺素，所以要時時提醒自己「不要念到一半開始深入探究」。而若是第一次看的書，一旦開始投入，往往就會追根究柢，所以更要好好控制自己。

如果反覆兩三次「口頭禪三兄弟」，最好就此打住，貼上標籤，告訴自己「明天再說」。（關於「標籤」，我會在後面連同其他使用方法一起說明）

32

睡前一分鐘瀏覽目錄的效果絕佳！

一旦到了睡前一分鐘，就無法進行賽馬式學習，所以會變成以銘記學習為主，但在此時納入**「瀏覽目錄」**相當有效。

瀏覽目錄是在檢查是否確實記得書中的內容。瀏覽以關鍵字組成的目錄，若是產生「啊，這個關鍵字是什麼意思？」的疑問，就可以發現沒有學透的地方。

這時可打開本文，**複習做記號的重要地方**。不過，在這個階段的複習如果太過深入，身體也會分泌腎上腺素，這麼一來就不會在一分鐘結束，所以必須告訴自己「明天早上起床再複習吧」，採取明天早上再說這種方法也很有效，大腦會記得這項約定。醒來之後再瀏覽一次目錄，確認「對了，是這裡吧」，等到散步回來、吃完早餐之後，或者心情平靜之後再複習，就能完全牢記。

如果隔著睡眠，反覆這些檢查和複習，大腦會將內容收納在優先順位相當高的記憶儲藏庫。

我先前提到，睡前一分鐘無法對第一次看的書進行賽馬式學習，但也有例外。有的時候，光是瀏覽目錄就有效果。像是已經決定「明天要對這本書進行賽馬式學習」的書，或者當天購入、期待翻閱的書。這種時候會產生**雀躍感**。雀躍感是一種愉快的心情，也是積極而充足的心靈。因此，大腦也會樂於接受。

不過，僅止於瀏覽目錄。讓大腦暫時感到「寫了怎樣的內容呢」這種雀躍感就好。**懷著雀躍感瀏覽目錄，會更加提高隔天進行賽馬式學習的效果**。

對下一本要看的書的雀躍感，會確實地傳達至大腦（海馬迴），大腦肯定也很期待。

33 輕鬆記憶的——「翻閱讀書法」

我也建議在睡前一分鐘，採用**翻閱本文學習法**。雖然只是翻閱，但做記號的重要事項必定會陸續映入眼簾。

進行「翻閱讀書法」時，不管被哪裡吸引注意力，都不要停下來，只要持續地往下翻閱。也不要約定「明天早上再念」。就像看寫真集一樣翻閱到最後，然後直接睡覺。

這可說是**「不自覺的學習」**。雖然是不自覺，但內容會確實進入潛意識，大腦會將它視為記憶的對象，納入睡著之後整理資訊、強化記憶的內容。假如有覺得在意或是想記牢的地方，大腦也會記得這件事。

於是，這些在意或是想記牢的地方便會出現在夢中。即使在本人的意識中認為只是看過去而已，但是大腦會確實載入看過的內容。

醒來之後，就算沒有具體記得夢的內容，也會記得「這裡很重要」。我曾有過睡前抱著「這部分非得快點學習不可」的心情入睡，醒來之後（洗臉之前）馬上翻閱以加強記憶，效果驚人。有趣的是在幾天後出現在考題中，令我大吃一驚。我又驚又喜，一面考試，一面暗自偷笑。

翻閱學習法最適合用在睡前三十分鐘時的賽馬式學習。速讀學習的內容還很清晰地留在大腦中，透過瀏覽很容易深植腦海。

身為指揮官的海馬迴才剛存入這些新的資訊，就馬上要取出進行整理、強化。也就是說，資訊被放在儲藏庫最方便取出的地方。

34

只記住「五個地方」

在睡前一分鐘進行銘記學習時（已完成「公牛式學習」的書），我有一個訣竅要推薦給大家——「為了確實記住，只重讀**五個重要的地方**。」如果是五個地方，就能確實記住。有人說不定能夠記住十個地方，而有人則是三個地方。我平均是五個地方。

重讀五個地方所花的時間是一分鐘多一點，最多是兩、三分鐘。前提是已經結束「公牛式學習」、重要的地方做好記號的地方，所以如果是五個地方，就會順利地記在腦中，而且不花時間。

至於要選哪五個地方，可以看當時的心情。無論鎖定哪裡，必定會選擇重要的地方，所以最好不要太拘泥於「哪五個」。

或許有人會心想「今天選這裡，明天選那裡」，有計畫性地選擇五個地方，這種做法或許比較有效，但像我這種懶人，會覺得擬定這種瑣碎的計畫有點麻煩。

以心情選擇、隨機選擇，其實也有合理的根據。

睡前挑選的五個重點，一定是之前學習的過程中，覺得「特別重要」的地方。我很重視自己的直覺，你也要**相信自己靈機一閃產生的直覺**。

我覺得比起在事前拚命想出重要的地方，這種自然的感覺反而比較容易命中。這也是相信自己的學習感覺。

如果不相信自己，學習的效果就不會提升。相信自己是指包含感性的機能在內，「相信自己大腦的運作」。如果相信大腦，它一定會更有幹勁。

35

使用「重點紙卡」能更有效地記憶

剛才介紹的學習方法可以稱之為**「五重點絕對記憶法」**，我的建議是不要直接翻開教科書、參考書重讀一遍，而是運用事先自行製作的**「重點紙卡」**，這麼一來，會更有效果。

我會在下一章針對「重點紙卡」的製作方法詳細解說，它包含在之前說過的「睡眠七道具」之一「便條紙／筆記本／紙卡」之中。

紙卡不只是針對睡前，隨時隨地都能運用，非常方便。但根據我的經驗，睡前一分鐘最有效。

紙卡最大的好處就是──**無論什麼姿勢都能輕鬆閱讀**。

舉例來說，躺著看書，手使力久了會累，但換作紙卡，不管是仰躺或側躺都能輕鬆閱讀。

即使仰躺拿著紙卡睡著，紙卡也只會輕輕掉在枕邊，不會造成任何影響。但書可就不是如此了。因為書有重量，我經常會趴著看書，看著看著就睏了，又嫌它占空間，下意識地把它推到一旁。

而且，書會令人想「闔上它再睡」，所以不會直接睡著。儘管意識到要闔上書再睡只有一瞬間，也是在強迫大腦做額外的工作。

我想，紙卡之所以可以發揮卓越的效果，是因為它具有「**直接睡著**」這個優點。如果在讀紙卡時直接睡著，海馬迴就會在沒有接收到其他資訊的狀態下，將內容傳送至「記憶的重現工廠」，進行將記憶深植腦海和強化的工作。

36

懶人會不斷開發「自己的學習方法」

睡前一分鐘的學習法是我在錯誤中摸索而發現的方法。我嘗試了非常多本書沒有提到的方法。有許多是我覺得「一點效果也沒有」而痛快捨棄的無用學習法。這本書中所寫的全是親身感受到的效果，有絕對的自信推薦給各位。

像這樣書寫的過程中，我想起了在本章的開頭介紹的那位喜歡唱卡啦ＯＫ的朋友。後來，聽說那位朋友對睡前一分鐘學習法十分感興趣，包含我的著作在內，買了許多學習法的書回家嘗試。

後來，我們還有過以下的對話：

朋友：「我因為工作的關係，必須懂許多法律知識，每次都要Ｋ書，但是只要工作一結束就忘了。」

高島：「那有什麼關係！我也是一考到證照，內容就忘了八成。不過，有需要的時候，我一翻開念過的書，馬上就會回想起來。」

朋友：「你講到重點了！我是個懶人，所以懶得在有需要的時候再翻開書本。我希望一直記得。」

高島：「你在念書的時候，會在書上劃重點，或者在重要的那一頁貼標籤吧？」

朋友：「嗯，那當然。」

高島：「既然這樣，再翻開重讀也花不了多少時間吧？」

朋友：「是啊，但我連再從書櫃拿書出來翻也懶，而且就算貼了標籤，也不曉得哪裡寫了什麼，得花時間找需要的地方⋯⋯」

高島：「那就試試在睡前一分鐘反覆瀏覽目錄幾次，因為是念過一次的書，所以會不斷回想起來。」

朋友：「是嗎？好，我會多多嘗試各種方法。」

這位朋友的懶惰程度或許不在我之下。因為工作忙碌，沒有時間慢慢看書，所以總是不停地尋找、嘗試增強記憶力的妙法。

過一陣子再與朋友見面時，他拿著一本貼滿標籤的書對我說：

「高島，我找到好方法了。這可說是瀏覽目錄的進化型態。即使不翻閱目錄也能記住。我推薦你一定要這麼做！」

他相當有自信。如同我在錯誤中摸索，確定自己找到了最棒的方法一樣，他也自行嘗試，找到了適合自己的方法。

就這個意義而言，各位也可以跟我們一樣，試著思考**適合自己**的方法。我想購買這本書的讀者，某種程度應該也是懶人一族。姑且不論各位是不是懶人，總之，容我介紹朋友自信滿滿告訴我的方法。我認為，這作為閱讀和複習的方法，相當有效。

37

只記重點的「標籤複習法」

各位在看商業書和實用書，或者為了念書考試而讀的教科書和參考文獻時，會使用「標籤」嗎？

「標籤」是指為了做記號而貼在書或報告上的可重複使用的黏貼式紙條。包含作家在內，從事出版相關工作的人可謂常備，而在有許多文件的辦公室裡，應該也少不了它，居家就相對比較少使用。

這是準備考試的人所基本必備的工具，所以包含接下來介紹的使用方法在內，必須好好學習並運用。文具用品店裡有賣各種大小的標籤。

我也經常使用標籤，但純粹只是做記號而已。直貼的是一般標示，而緊急、重要的則是橫貼。

然而，我的朋友下了一番工夫，自行開發出更靈活的使用方法。他會在進行我說的「公牛式學習」時，仔細閱讀並貼上標籤註記，專門用於睡前一分鐘的學習法。朋友和我之間的對話如下：

高島：「這本書貼了很多標籤，標籤上也寫了字？」

朋友：「是啊，我在貼之前會寫上關鍵字，註明那一頁在寫什麼。」

高島：「唷～而且關鍵字一目瞭然耶！」

朋友：「因為標籤一重疊就會看不到關鍵字，所以會盡量錯開貼的位置，以免重疊。」

高島：「原來如此，挺有兩下子的。確實沒重疊到。」

朋友：「尤其是頁數近的地方。」

高島：「標籤的顏色各有不同，這有什麼意義嗎？」

朋友：「有啊。我大致上是以內容領域區分顏色。而且有的大小也不同。」

高島：「哇～那也有意義嗎？」

朋友：「重要程度和緊急性高的地方使用較寬的標籤，因為要寫的筆記較多。一般是一行，像這種較寬的標籤上會寫二～三行。」

高島：「好細心啊，真是令我大開眼界。你已經是使用標籤的高手了。」

到目前為止是製作方法。他在進行「公牛式學習」時，相當仔細地貼了標籤。另外，我翻到內文發現重要的句子也確實地劃了重點。重點上面貼著寫了關鍵字的標籤。

這種做法可說是雙重記號，而且光是**製作標籤貼上的關鍵字及筆記，就會強化記憶**。

即使不看目錄也知道內容的「標籤複習法」
在標籤上寫上
該頁內容的關鍵字
依重要程度
改變標籤大小
依內容領域
改變標籤顏色

38 睡前一分鐘翻閱標籤

睡前一分鐘該怎麼使用貼上標籤的書呢？我要介紹剛才那位朋友的例子。我推薦「瀏覽目錄」、「翻閱學習法」和「五重點絕對記憶法」之後，他自行思考，想出了進化版的獨創複習術。

高島：「你會在睡前一分鐘運用那種貼上標籤的書，對吧？你會怎麼用呢？」

朋友：「一切都是為了睡前一分鐘做準備。自從我用你教的學習法記住歌詞之後，我每天的生活都是以睡前一分鐘為主。」

高島：「是喔！那麼你是怎麼使用標籤的？」

朋友：「嗯。鑽進被窩，打開床頭燈之後，先別翻開書，只翻閱標籤。這是結合你說的『瀏覽目錄』和『翻閱學習法』。」

高島：「這種標籤的筆記，確實就跟目錄一樣。」

朋友：「是啊，目錄是編輯製作的，但有時候會看穿編輯的用意，覺得有點煩。或者應該說『會接收到多餘的資訊』。」

高島：「嗯，因為經常是為了推銷而誇大其詞。」

朋友：「就是啊。就這一點而言，這種『標籤目錄』是為了自己量身打造的，所以會省略多餘的資訊，可說是只以自己需要的資訊製作的目錄。」

高島：「你說的沒錯。我覺得這個創意很棒。這樣的話，大腦也會深受感動，替你鼓掌叫好。」

朋友：「嗯，撇開這個不談，我有時候也會使用這種標籤，進行你說的『五重點絕對記憶法』。」

高島：「你的意思是你只會記寫在標籤上的筆記的其中五個嗎？」

朋友：「或者應該是說，迅速挑選五個地方，只重讀那些地方。當然，也只重讀做記號的地方。」

高島：「原來如此。這麼一來，就會完全記起來了吧。而且如果只有五個地方，應該能在一分鐘看完……」

朋友：「嗯，有時候一分鐘會變成兩、三分鐘就是了。就算不拘泥於一分鐘，大腦也會記住。」

高島：「那當然。一分鐘只是在形容『入睡之前的一小段時間』，變成兩、三分鐘也無所謂。不過，如果變成五分鐘以上，身體說不定就會分泌腎上腺素，會偏離『入睡之前的一小段時間』這個概念。可是，因為只有五個地方，所以根本花不到五分鐘。」

朋友：「是啊。再長也頂多三分鐘，闔上書之後就睡死了。」

高島：「哎呀，謝謝你教我這個好方法！」

聽起來覺得如何？有見證者現身說法，我也學到不少，各位不妨嘗試一下，絕對有好無壞。

進行「標籤複習法」的重點

❶第一步

在標籤上寫下關鍵字

↓

❷第二步

依領域和重要程度，

區分標籤的顏色和種類

↓

❸第三步

睡前一分鐘翻閱

39 最適合忙碌大人的懶人學習法

這一章的內容可說是很輕鬆，懶人如我，卻因此考取九十一項證照，所以別想得太困難。

最後的標籤方式也是同為懶人的朋友自己思考實踐，提升了記憶效果的方法。我認為這些方法最適合**工作忙碌、無法抽出充分時間的人**。

別以為我考取九十一項證照就是個勤奮的讀書人，我絕對是個懶人，完全受不了殷勤地長時間念書。我想，我應該只有高中那三年為了考大學，才耐著性子孜孜不倦地念書。

即使是挑戰考照的尖峰期，我也相當偷懶。譬如說，我會一個人走進附近的居酒屋，一面喝點小酒，一面翻開參考書念書。

我曾擔心這樣說不定會被學習之神討厭，但沒想到結果並非如此。或許學習之神對社會人很寬容。

不，也許是自己的大腦比學習之神更寬容。

這是我個人的推測，我總覺得**大腦不怎麼喜歡為了學習而過著禁欲生活的人**。

再說，如果過著這也不行、那也不行、限制一堆的禁欲生活，那麼念書就一點也不有趣。若是不有趣，大腦在我們睡著時，就不會積極地進行「整理資訊、強化記憶」這個工作。

或許也有人適合禁欲的學習方式，大腦也會替適合的人工作，但大腦一定還是渴望活得快樂一點。

40

快樂學習最適合記憶

事實上，**我覺得不快樂地學習，會對身體造成不好的影響**。

不喝酒、不看電視、不上網、不和朋友聚餐，也不和家人團聚……在這種什麼事都不做的生活中，就算考取某種證照，學習過的內容也會日漸淡忘。

一位跟我一樣過了五十歲才考取中小企業診斷士①的人說：

「我第一次的初考差一點及格。因為我一邊上班，一邊準備考照，只有晚上念書，開始念書的那兩年，家人或許是顧慮到我，家庭的氣氛變得不太好。

第二次挑戰的時候，我有點想開了，既喝喜歡的酒，也確保充足的睡眠時間。我改成輕鬆的學習方式。畢竟，我原本就不是一個自制的人。

沒考上的前兩年，我迷失了自己。我意識到：就算在不像自己的生活中忍耐學習，也不可能記住內容。

不過，第二次的時候，我對自己設定了基本的原則，就是即使喝了酒，也要念一定的書才能睡覺。也就是說，就算喝醉了，也要在睡前念五到十分鐘的書。或許這樣才是正確的方法。」

最後一句話真棒。一度沒考上，轉換心情之後，睡前在被窩裡翻開參考書，想睡的話就直接睡。想必是採取了輕鬆的學習方式，和大腦建立了良好的關係。

禁欲型學習最不好的理由是：**會影響身邊的人**。當事人也知道身邊的人顧慮自己，心裡隨時都會閃過**「過意不去」**的念頭。

於是，念書的時候會一直覺得「唉，今天也是因為顧慮我……，真是不好意思」。這種想法對於大腦而言，肯定是「多餘的資訊」。

職業高爾夫球選手在晉級賽時，或者象棋和圍棋的棋士在對弈時，一旦在意四周的雜音，專注力便會減弱而引發失誤，打出失誤球，或者下錯棋。

大腦也是一樣，進行記憶的工作時，會想要避免多餘的雜音。

這種情況的雜音是指當事人心中在意的事，而不是實際從耳朵聽見的聲音。比起實際聽到的聲音，**心理作用所產生的「雜音」對大腦的影響更大**。

正因如此，大腦在完全沒有受到內心雜音影響的「睡眠時間」，最能專注地進行整理資訊、強化記憶的工作。

前述的那位朋友在第一次考試沒考上時，想必有很多這種內心的「雜音」。轉換心情之後，他拾回了自我。於是，他執行「無論如何，睡前都要稍微念點書」這個原則。這肯定也跟睡前一分鐘的學習法有關。

懶人是指「盡量避免麻煩的事、討厭的事，優先做愉快、喜歡的事的人」。

假如你認為大腦討厭懶人，那你可就大錯特錯了。

根據我和身邊許多人的經驗，無論是念書或工作，如果心理不快樂，身體也不會快樂，而且得不到期望的結果。

放眼高爾夫球、足球、棒球等運動，一流的傑出選手絕對不是拚命執著於比賽的輸贏，而是以輕鬆、平靜的心情，找出最佳方法，予以執行，所以看起來甚至像是在做十分輕而易舉的事。

剛出社會的年輕人卯足全力、充滿幹勁地工作，具有一定的正面意義。然而，若是一直如此，人生可能就佇足不前，最後以「前知名選手」這種頭銜劃下句點。

我認為，學習也是一樣。

---

①日本中小企業診斷士隸屬於日本中小企業診斷協會，是國家認可的執業資格考試。主要工作內容是為中小企業提供經營管理的診斷及相關工作諮詢服務。

第4章

提高睡前1分鐘記憶效果的訣竅

41

為何不念書也能通過診斷士的考試？

最有效的記誦方式莫過於透過自然記憶，而作為自然記憶的工具，「為什麼」、「目的是」、「如何做」這個「口頭禪三兄弟」很有效。這一章要講述用來提高記憶效果的訣竅，而最大的訣竅是——**先理解，再記憶**。毫不理解，只是背誦知識，即使能夠記住，也只會維持短時間，不會深植腦海。

我的朋友能以睡前一分鐘的學習法，記住歌曲的歌詞，也是基於這個前提。因為他喜歡那首歌，所以想記住，而他之所以喜歡，正是因為他「理解了那首歌」。我想是因為他聽到別人在唱，覺得那是一首「好歌」。然後，在自己練唱的過程中，從感情的層面完全理解了那首歌的歌詞和旋律。

一樣是卡啦ＯＫ歌曲，如果是被迫「背下來」，連整首歌的意思也不明白，即使想背歌詞也背不起來。職業歌手一下子就會記得自己的拿手歌，那是因為他們迅速理解作曲家和作詞家創作作品的意圖，所以歌詞也記得很快。

有些歌曲很久沒唱，也會發生忽然忘詞的情形。可是，職業歌手在這種時候一點也不慌張，因為他們十分瞭解作品的意圖，所以自己會變成作詞家，即興填補忘掉的歌詞。

考試的時候，也會發生一樣的事。就算是忘記正確答案，**如果理解大致的內容，就能即興引導出答案**。

我之所以能考取九十一項證照，也是因為我先理解了大部分的證照內容。其中，甚至有幾乎沒念書就考取的，代表性的是中小企業診斷士的初考。

中小企業診斷士的考試並不簡單。如同我在上一章提到的朋友，念了兩年也沒考取，可說是難度偏高的考試之一。

那麼，為何我沒念書就考取，我的朋友念了兩年卻沒考取呢？

答案很簡單。因為我經營過中小企業，包含決算書在內，實際理解了經營診斷的相關知識。

我的朋友是大型企業的上班族，他雖然熟悉負責的工作領域，但是關於經營的知識卻幾乎是第一次學習。

經營一家公司，無論規模大小，都必須親自針對人才、商品、資金做「全面性診斷」。也就是說，自己一直在從事中小企業診斷士類似的工作。

必須「理解」中小企業診斷士所需的知識，才能實踐、活用。

而**理解、實踐過的知識不會忘記**。因此，我幾乎沒有學習新的知識，就考過了中小企業診斷士的初考。

42

「大腦的指揮官」腦前額葉會提升理解和動機

「理解會提高記憶效果」不僅是個人感受，也有腦科學方面的根據。

人是一種動物，和其他動物的差別在於，人會思考、推測、與人對話、同情、憤慨……等，能夠以意志力控制行動和感情。

這種「意志力」產生自腦中名為**「腦前額葉」**的部分。

若是大致區分，腦是由**大腦**、**小腦**、**腦幹**這三個部分所構成。身為記憶指揮官的「海馬迴」是大腦中的一小部分。若以斷面圖來看，它呈現海馬般的形狀。

海馬在英文叫做「seahorse」。這即是語源。

我之前提過海馬迴會暫時儲存記憶內容，然後分門別類，為長期記憶排出優先順序，並存入「記憶的儲藏庫」。具體而言，「記憶的儲藏庫」是**大腦皮質**，重要的記憶內容會烙印在大腦皮質上，深植腦海。

而在大腦皮質前半部、主導腦部運作的部分是「**腦前額葉**」。腦前額葉正好在額頭的位置。隨著年齡的增長，髮際線會後退，會顯得額頭變寬，但這和聰不聰明無關。

海馬迴叫做「記憶的指揮官」，而腦前額葉則叫做「大腦的指揮官」，控制腦部運作。若以汽車來說是駕駛座，而以飛機來說就是駕駛艙。

掌管哭泣或大笑的是腦前額葉，有時候忍不住哭出來或笑出來，是因為腦前額葉希望你別再忍耐，儘管宣洩情緒吧。

腦前額葉也是提升或降低動機的部位之一。決定「必須念書」或「必須工作」的是它，心想「必須牢牢記住這個」、努力記住的也是它。

而最重要的是，「**思考事情**」也是腦前額葉的工作。進一步而言，「思考事情」和「理解」密不可分。當然，**掌管「理解」這個樞紐的也是腦前額葉**。

而本書中一直提到「大腦比人更希望度過充實的人生」，這也和腦前額葉有關。我想，腦前額葉原本就具有積極而充實的心靈。

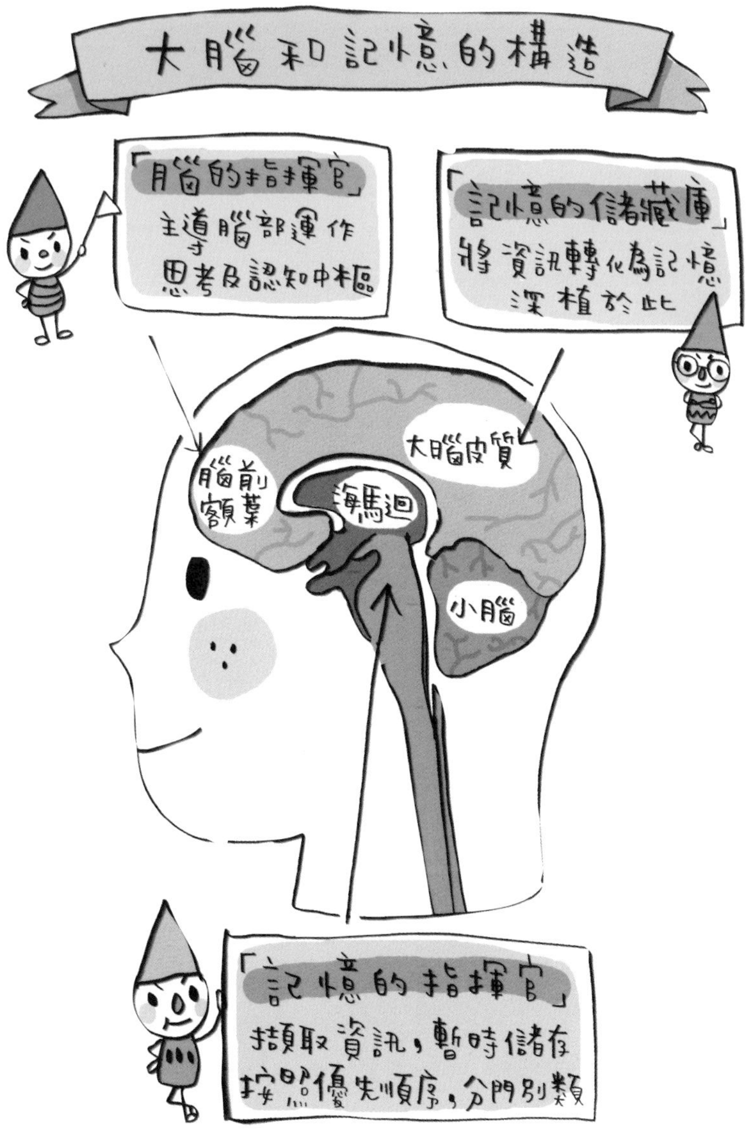
大腦和記憶的構造
「腦的指揮官」
主導腦部運作
思考及認知中樞
「記憶的儲藏庫」
將資訊轉化為記憶
深植於此
腦前額葉
大腦皮質
海馬迴
小腦
「記憶的指揮官」
擷取資訊，暫時儲存
按照優先順序，分門別類

43

睡前一分鐘學習法的訣竅是「先理解，再記憶」

我在經營小出版社的時候，想法內心總是正向積極的，正因為正向，所以會自行反覆進行「經營診斷」，即使在困苦之中，也總是心想「該怎麼做才能提升銷售額」、「如何確保成本收益」，思考如何改善經營狀態。

掌管這些思緒的正是我的腦前額葉。在反覆思考之中，腦前額葉會理解經營的實踐知識「非常重要」，將它們深深地烙印在記憶的儲藏庫——大腦皮質上，在需要的時候隨時取出。

想考中小企業診斷士的想法也非常積極。對於積極的挑戰，我的腦前額葉取出儲藏庫裡的知識，確切地組合，提供我問題的答案。

腦前額葉不太喜歡單純背誦的工作，因為那稱不上是積極而充實的學習。

若是單純的背誦，就算海馬迴會暫時儲存內容，腦前額葉也會消極地敷衍，甚至拒絕將內容放進長期儲存的儲藏庫。

腦前額葉對於積極的事，會非常活絡地進行**「理解」**、**「長期儲存」**、**「取出記憶並組合」**這一連串的活動。

若從這一點思考，我認為睡前一分鐘學習法的重要訣竅在於**「先理解，再記憶」**。睡前三十分鐘再次瀏覽已深入理解、劃重點的地方（必須理解內容，才能準確地劃記重要的地方），正是經過「先理解，再記憶」，所以極為有效。

44 比起死背法律知識，「大致理解」更重要

舉例來說，如果考社會保險勞務士等需要法律知識的證照，想要背下相關的法律，就在睡前一分鐘讀兩、三個條文。

因為睡前看過條文的效果，隔天早上醒來時，會記得一定程度的內容。如同前面所說，是海馬迴將內容放進了暫時儲存（短期記憶）的收件匣。這段暫時儲存的時間長短因人而異，也會依當時的情況（精神狀態、理解程度等）而有所不同，但最長頂多是一、兩天左右。

因此，如果在這個短期記憶的時間內恰好有考試，並且剛好考中，就會答得出來，但可惜記憶只會維持一、兩天。從整份考題來看，那是極小的部分，所以很難拿到及格分數。

要應付考試，也有運用這種短期記憶機能的方法，但坦白說，那是旁門左道。

即使對考試有用，對當事人的人生一點幫助也沒有。畢竟，內容不會放進大腦皮質管理的長期儲存儲藏庫。

我在準備社會保險勞務士等需要法律知識的證照時，也不曾背過條文。我認為那沒有意義，而且實在背不起來。

再者，像司法考試這種需要真正理解法律的證照，有時候可以帶六法全書進去考場（不可以帶有註記或貼標籤的書），由此可知，從出題者的角度來看，並不怎麼重視背誦條文這件事。

我認為，這在任何考試都是一樣的。

出題者想透過考試知道的是考生是否「理解」相關法律。考試要測試的是針對一件事，哪個法律有規定、條文細節為何、有哪些相關的法律、政府命令、部會命令、公告等。

如果明白這一點，就不必刻意挑戰背誦條文，而且即使背得一字不漏上考場，能夠準確回答問題的機率也一定很低。

45 「睡前一分鐘」整理隔天交涉所需的重點

最重要的條文會反覆讀好幾次，所以就算不努力背，也會自然背起來。這正是「**理解＝自然記憶**」。

我最想推薦的是學習法律內容的方法，雖然前提是在之前的學習中掌握一定程度的知識，但睡前瀏覽幾個重要的條文，真的就能背起來。

本書是針對考照所寫，但對於在工作上或生活中需要法律知識的人也一樣適用。

就生活而言，假設出現了一個要在自己家隔壁蓋一棟大樓的計畫，面臨必須和營建公司交涉的狀況，此時若要和對方進行攻防，就需要具備相關法律知識。

舉例來說，像是上網搜尋或是參考相關文獻，以日照權為重點，掌握法令具體規範、調查各種案例、參考日照權的相關報導，臨陣磨槍即可。然後，事先組織要跟對方討論的論點和主張，不必寫報告，只要以**條列**的方式，事先寫下重點即可。

這種情況下，營建公司有義務向附近住戶說明，所以等到說明會的日期接近時，再在睡前一分鐘反覆瀏覽那張重點筆記。

接著，在說明會的前一、兩天左右，重新閱讀建築法的日照權。前一晚一定要做這件事，如果醒來之後和說明會之前再重讀一遍，就能確保萬無一失。你一定會記得大部分和日照權相關的條文與重點。

如果做好萬全準備「上戰場」，對方便不能敷衍了事。你一主張「建築法第○○條提到以下內容」，對方更會覺得「此人並非等閒之輩」。在這種情況中，被標記為「非等閒之輩」是好事。能夠使討論朝有利於你的方向發展。

而就工作而言，假如隔天要與客戶洽談或是有重要會議時，如果是自己熟悉的領域，在前一晚的睡前複習條文和討論的重點，就能清楚掌握對談的主題，對方也就會感受到「那傢伙有兩下子」，而對你另眼相看。

46 製作「重點紙卡」是提高記憶力的最佳訣竅

睡前一分鐘的學習法當中，運用「重點紙卡」非常有效。一旦有了重點紙卡，除了睡前之外，還能在各種零碎時間複習，一舉多得。

日常生活中有許多片斷而零碎的時間，例如：早晚通勤、通學的**候車時間**；坐捷運、公車或計程車的**移動時間**；在醫院或牙科診所的**候診時間**（若是知道候診時間長，也可以帶一本書進行「擷取精華速讀法」）；在餐點上桌之前的**候餐時間**；開會前的**等候時間**（把自己要在會議中發表的意見重點，寫在紙卡上也是一個好方法）……等，各位在日常生活應該有許多片斷的時間，如果**事先將重點紙卡隨身放進口袋，就會變成最佳學習時間**。發呆等候是很可惜的事。

那麼，什麼時候製作重點紙卡呢？這沒辦法在睡前一分鐘或零碎時間做，要在時間充足的「公牛式學習」時做。星期六或日等時間充足的假日最適合，平常日回家後、睡前三十分鐘也可以，視情況而定。睡前三十分鐘製作重點紙卡，會持續做到睡前一分鐘，所以依「想記的內容」而定，記憶效果會提高不少。

乍看之下，或許有人會覺得製作紙卡這件事很麻煩，但試著做做看，會發現意外地有趣。大概是因為會產生「這樣就能記得」的積極心情，也或者是因為沉浸在製作「獨家專用的作品」這種創造的心情之中而感到滿足。

我覺得在假日做這種事，一點也不辛苦。當自己做的紙卡越積越多，可以製作專用的紙卡盒來整理收納。而整理這件事也相當有趣，看著紙卡盒內的紙卡日漸增加，感覺就像是自己的作品與日俱增一樣呢。

此外，如同我在前面所說的，進行「公牛式學習」和睡前三十分鐘親筆製作紙卡，這些事本身也會促進記憶效果。

47 「重點紙卡」的原則——一張只寫一個主題

關於重點紙卡的大小，最好是能夠放進襯衫口袋的尺寸。我自己常用B7（週刊雜誌的四分之一大小，約88 mm × 125 mm）的紙卡，而以具有通用性的層面而言，我也建議使用**名片大小**的紙卡。如果是名片大小的話，不論男女都能方便使用，女性可以迅速地從小手提包取出。

我建議採用文具店販售的制式紙卡。買厚紙板自行製作也是一種方法，但要剪成大小一致並不容易。

如果大小參差不齊，之後要整理、翻找時就很麻煩。

較大型的文具店裡，除了備有各種大小尺寸外，還有販售畫線的、素色的、彩色的等各種種類供你選擇，挑選適合自己的紙卡也相當令人興奮。

市售紙卡的紙質大多和一般的名片一樣。在第三章的「睡眠七道具」提到了

「便條紙亦可」，但這充其量是睡前和隔天早上的「暫時使用」。薄薄的便條紙不具有保存性，所以不適合作為需要具備通用性的「重點紙卡」。

就環保的觀點來說，便條紙和自製的紙卡也不錯，但在使用紙卡盒整理時，會因為感到不方便而漸漸失去樂趣。在這種地方不要太過節省，好習慣才能持久。

「工欲善其事，必先利其器。」準備完成，來說說紙卡上的內容吧。

關於內容，我會遵守一個原則，那就是「**一張紙卡只寫一個主題**」。貪心地在一張紙卡上寫兩個主題，對於背誦而言，會顯得有點繁雜，所以記憶效果會減半。兩種主題會變成雜音，互相干擾對方。

相反地，將一個主題分開寫成兩張也很不方便，記憶效果會相對減弱。

48 「條列式」、「字數不超過三十字」以最少字數簡單地製作紙卡

無論是一張紙卡上寫兩個主題，或者一個主題寫成兩張，在整理、保存於紙卡盒時都會造成困擾，變成一大缺點。考量到諸多層面，我會將**「簡單地製作紙卡」**視為鐵律。

簡單地製作是共通的原則，但在一張紙卡上寫滿密密麻麻的字也不行。行數最多**三行**，字數最多五十個字。記憶效果最好的是**三十個字**左右。

在寫的時候，要以**條列式**的方式書寫。即使是五十個字，如果以條列的方式寫，就能分成三、四個句子。若是拖泥帶水地寫成一句，就會毫無重點、記不起來。

重點是——就算字數變多，或者想寫細節，也要棄捨不重要的內容。**貪心只會降低記憶效果**。

此外，紙卡下方多留一些空白，可以在那個空間稍微筆記想到的相關內容。最

好用鉛筆或自動筆書寫，以方便恢復紙卡的整潔。

我將以上重點匯整於左圖。

製作紙卡本身就是一種學習，而且會大幅提升記憶效果。因為是以「只記重要內容」的原則製作紙卡，所以會確實地瞭解哪些重要、哪些不重要。

重點紙卡的製作方法

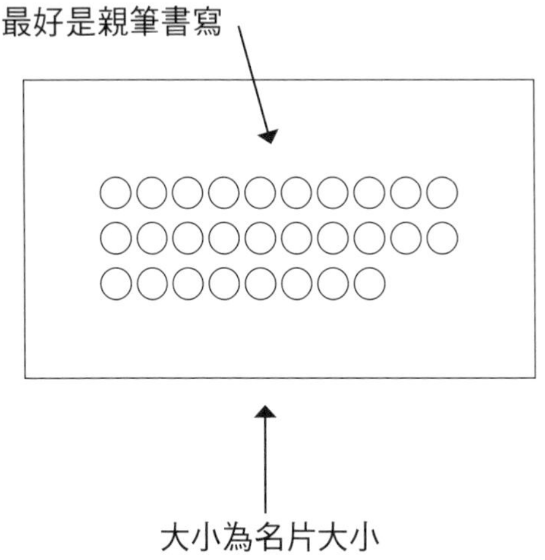

重點

❶ 一張簡單地寫一個主題

❷ 字數為三十個字左右，最多五十個字

❸ 以條列的方式，簡短清楚地寫下重點

❹ 捨棄不重要的內容

❺ 下方稍微留白

製作重點紙卡在我的學習法中有三層意義：

- **仔細閱讀，理解內容**
- **掌握重點**
- **彙整論點**

換句話說，是身體力行地進行重點學習。

此外，**親筆書寫會「加強記憶」**。用電腦製作也可以，而且能夠做得更工整漂亮，但以電腦製作會喪失「加強記憶」的好處，所以並不建議。

也許有人會反駁：「以電腦製作也是親手輸入」，但最好還是**「親筆書寫」**。

人們經常說，字代表一個人的個性和人格，自己寫的字會投射出自己的人性和心靈。就這個意義而言，應該也會對紙卡感到親切。

若是鎖定在睡前一分鐘的運用，大腦中的海馬迴一定會覺得：「這是你親筆書寫製作的紙卡。我要珍惜它。把內容傳送至長期儲存的儲藏庫。」

腦前額葉接收到海馬迴的指令，會將內容深深地烙印在大腦皮質上，以便有需要時能夠隨時取出。

我想，海馬迴和腦前額葉都不太喜歡不身體力行、「偷懶」的人。

49 拚命劃重點、貼標籤，把書弄得越花越好

各位的手邊應該有螢光筆吧？

如果是上班族，辦公桌上至少放著兩、三隻不同顏色的螢光筆。看報告或企劃時，有許多人會用螢光筆在重要的地方劃記。

即使不是上班族，我也建議你隨時將螢光筆放在手邊。**積極想要記住什麼、學習什麼的人，都不能少了螢光筆**。

另一個問題是：各位會排斥用螢光筆在書上劃重點、標註底線或邊線嗎？

我之所以刻意問這個問題，是因為有不少人看書時會小心翼翼，以免損傷書本，像是有人把書當作藏書珍惜，或者想保存完好之後賣給二手書店。

文學全集有作為藏書的價值，另當別論。但考試的參考書、實用書和商業書等，最好名符其實地當作**「工具書」**使用，不斷地劃記重點。

做了一堆記號、貼滿標籤的書，之後一定會派上用場。因為重要的地方一目瞭然，所以十分珍貴。

我經營過出版社，也會想要愛惜書本，但毫不客氣、充分活用書本提供的資訊，也是一種愛惜的表現。感謝它提供的資訊，以貼滿標籤以示珍重，書也會很開心。

我有不少著作，但看到別人手上拿著自己的著作，上頭貼滿標籤、做滿註記，我會感到非常開心。希望你也能充分活用這本書。

50

以螢光筆劃重點要採用「關鍵句方式」

以螢光筆在書上劃重點，也是用來製作重點紙卡的前置作業。此外，即使不製作紙卡，對於睡前一分鐘「瀏覽標籤」學習法而言，也非常有效。

劃重點是指將自己覺得「這裡很重要」的想法輸入書中，某種程度上。也可以說是和貓狗撒尿做記號一樣，表明「這是我的地盤」。

「屬於自己」正是「成為自己的知識」，也就能確實收納於大腦的記憶儲藏庫。

螢光筆尚未出現的時代，說到做記號，一般是以鉛筆或原子筆劃底線或側線來作為重點標記。有許多中高齡者現在還是這麼做，但從記憶效果的層面來說，我並不贊成。

鉛筆的衝擊力道弱，「屬於我」的訴求力也不強，而且和書上文字的顏色接近，並不醒目。就這個弊端而言，黑色原子筆也是一樣。

那麼，紅色原子筆呢？這也有待商榷。醒目歸醒目，但原子筆是壓著紙張書寫，會導致紙張凹凸不平，影響到背面內容的閱讀性。

劃重點最好還是使用彩色螢光筆。不僅顏色豐富，而且有許多種類，能夠依照用途選擇適當的筆。

有一種雙頭螢光筆，兩邊分別是粗筆頭和細筆頭，這種使用起來最為方便。

劃重點有兩種方法：

❶關鍵字方式→只對術語或單字劃重點

❷關鍵句方式→對整個重要的段落（句子）劃重點

我建議的是❷關鍵句方式。如果以❶關鍵字方式劃重點，過了一段時間複習，經常會想不起來內容，有時甚至會懷疑是否畫錯，只好重讀周邊的段落，反而沒有效率。就此而言，關鍵句方式是在閱讀劃重點的整個段落，所以能夠馬上想起內容和重要性。

如果只挑劃重點的地方閱讀，也能夠想起那一節或那一章的整體內容。劃重點本身就是一種速讀法。

51

螢光筆的顏色要依重要程度更換

劃重點基本上要採取**關鍵句方式**，但也可以和關鍵字方式併用，增添變化。

我的一位商業書編輯朋友經常使用這種方法，他用的是雙頭的螢光筆。用粗筆頭替單字和術語等關鍵字做記號，然後用細筆頭替說明單字的段落，也就是關鍵句劃底線或側線。

這麼一來，就能夠一面翻頁，一面瀏覽做記號的關鍵字，而且也能夠輕易地只重讀劃重點的地方。

我也經常這麼做，但在段落劃底線或側線的時候，我會區分為雙線及波浪線。線所代表的意思不同時，我會有不同劃法。

關鍵句當中，**重要程度特別高的地方，或者必須先記起來的專有名詞，我會劃雙線；而引用其他著作或法律條文的部分，我會劃波浪線**。這或許是編輯的做法。

我想區分關鍵句時，會採用**改變螢光筆顏色**的方法。比方說，初階的知識用黃色、中階的知識用綠色、高階的知識用橘色……等。

準備考照時，我經常使用這種「色彩的運用」。時間不夠的時候，我會迅速地針對初級知識複習。時間較多，或者覺得必須得高分時，我會連中級和高級的知識也一併複習。

針對困難的證照考試進行「公牛式學習」時，同一本參考書我會仔細地念上兩、三次，但每一次都會使用不同的顏色劃重點。

這麼一來，**真正重要的地方必定會重覆劃記**，且會發現每一次學習的重點稍微改變，看顏色就知道學習的過程。

這種顏色的運用在複習（銘記學習）時會發揮威力。因為關鍵的知識從顏色的重疊程度就能一目瞭然。

劃重點的方法

❶ 瀏覽專有名詞及用語

·關鍵字→粗筆頭

·該字的說明文→細筆頭

❷ 依重要程度瀏覽

·必須記住的字詞、重要的地方→雙線

·想掌握的重點（引文、條文等）→波浪線

❸ 依等級瀏覽

·初階的內容→黃色

·中階的內容→綠色

·高階的內容→橘色

此外，有時會一面複習，一面心想「我真用功」而獲得**自我成就感**。我總覺得腦前額葉一定會靈敏地接收到這種成就感，並在記憶儲藏庫的該部分入口貼上「這非常重要」的標籤。

顏色的運用對於鎖定重要的地方也具有效果。當面對未曾接觸過的內容時，會覺得每一處都是重點。挑戰未知領域的證照考試時，尤其如此。

我規定自己劃重點的量最多是一頁的**三分之一**，但有時候會超過，甚至幾乎整頁都劃上重點。但是到了第二次學習時，劃重點的量就會減半。而第三次則會更進一步減少，自然地鎖定重要的地方。

52

為何紙卡和劃重點能提升記憶效果呢？

加入顏色的運用巧思，劃重點這件事就會發揮提升記憶的效果。

這和製作紙卡時「親筆書寫」有異曲同工之妙，使用自己選擇的螢光筆，**親手劃粗線、細線和波浪線等，會給予大腦刺激，提高記憶效果**。

光是睡前一分鐘迅速瀏覽那些部分，就會進一步提升記憶效果。

我在重點紙卡的地方也提到，如果在睡前一分鐘瀏覽劃重點的書，大腦的海馬迴就會認為：「這是你親手劃記的地方。放心，我會把這些內容好好傳送到長期儲存的儲藏庫。」

事實上，只要有劃記過重點，不論是之前學習過的書，或者是當天看過的書，光是翻閱幾頁，內容馬上就會浮現腦海。若是經過相當長一段時日未翻的書，有時甚至會想起當時看書時的情景，像是：

「沒錯沒錯，這裡是我直覺認為相當重要的地方！」

「啊，那次強烈颱風來的時候正好看到這裡！風強雨驟，吵得要命……」

這些事情都是基於我的經驗所寫，各位一定也有過相同的經驗。

各位應該很清楚地記得「311」的時候，自己在做什麼吧？我只寫「311」，但光是看到這個數字，你應該馬上知道我指的是什麼，而且稍微想一下，不，不用特別想，應該也會清楚地想起當時的狀況，或者當時電視上的畫面。

再請你想起另一件更久之前的事吧。

「911」的時候，各位在做什麼呢？

它比「311」早了十年多，但我想大部分的人應該也會想起來。如果試圖想起當時在哪裡看到那個畫面，其他相關的回憶也會慢慢浮現腦海。

這兩件事（911事件因為時隔十年以上，為了怕有人忘記，簡述如下：二〇〇一年九月十一日，在美國本土發生多起恐怖攻擊事件。）對我們造成莫大的衝擊，儘管經過了很久的時間，記憶還是鮮明地烙印在腦海中。

53 給予大腦刺激，大腦就會瞭解「它很重要！」

大腦的海馬迴和腦前額葉掌管我們的記憶，將資訊傳送至記憶儲藏庫時，感覺到的**刺激強弱會決定它的優先順序**。

現在，請你試著回想不久之前的自己。應該想得起五年前的事吧？十年前呢？二十年前呢？或許不記得確切的年數，但想起來的事情，應該都是印象深刻的事。

像是與最喜歡的朋友離別的日子、在畢業典禮上依依不捨地流淚、第一次領薪水的日子、在眾人面前被誇獎工作表現佳、在結婚典禮中感動落淚、打扮得宜在宴會中成為注目焦點、祖父母過世的日子……每一次事件應該都對自己造成了莫大的影響或衝擊。

無論是製作重點紙卡或是在書上劃重點，其實正是刻意在製造這種衝擊。

假設看書時覺得「這裡很重要」，但不特別劃重點、不貼標籤，也不在某處做筆記，什麼事也不做的話，大腦的「感應器」沒有接收刺激，也會默默地不當一回事。

默默地不當作一回事，代表大腦不會將內容搬運至記憶的儲藏庫。如果認為只要意識到「這裡很重要」，大腦就會暫時儲存內容，那是不可能的。

因此，除了意識到重要之外，還必須透過**動手（增添觸覺資訊）、對書面施加變化（增添視覺資訊）**，以行動告訴大腦。

由此可推論，**大聲讀誦重要的地方（增添聽覺資訊）**，也會提升記憶效果。如果再加上觸覺資訊和視覺資訊，三管齊下，「記憶」效果就會更加提升。

54

睡前一分鐘的複習是在加強「對大腦的刺激」

睡前一分鐘重讀自己親手製作的重點紙卡，或者重讀劃了重點的書，可以說是在「強化」對大腦的衝擊。

以行動表現出「這裡很重要，我想記住」這種心情，大腦會確實地將內容收放在記憶儲藏庫中優先順序較高的地方。如果睡前一分鐘讓大腦取出內容，再次確認「它很重要」，大腦就會接收到強化的刺激，進一步認知到它的重要性。

大腦也會接收到你已經進入了想睡的狀態，然後全神貫注地發出通知：「全力整理資訊、強化記憶的時間快到囉！該準備了。」

接著，進入不會接收到新資訊的睡眠狀態，但大腦會將之前接收到的資訊，視為**「今天最後的最新資訊」**，定位為印象深刻的重要內容。

如果不活用睡前一分鐘具備的這項特質，豈不可惜？

有人喝酒不節制，醉了就會直接睡著，這種人就是典型的「浪費鬼」。適度飲酒具有促進血液循環的效果，對於大腦而言也是能量來源，但如果喝到直接睡著，大腦肯定會生氣。

證據就在於宿醉後，隔天早上經常會處於完全不記得前一天晚上發生過什麼事情的狀態。這是因為大腦沒有運作，放棄了在睡眠時進行「整理資訊、強化記憶」的工作。

儘管如此還是會作夢，所以過了一段時間之後，大腦還是會工作，但是不願整理喝酒時的記憶，所以那一段記憶會從腦海中消失。

我也是嗜酒之人，但是不會飲酒過量，惹大腦生氣。我總是把睡眠當作「使明天更愉快的序幕」、「通往明天的幸福橋樑」，這樣一來，大腦也會感到愉快。

55

有助於準備考試的三種主題記憶法

關於本章的主題是「提高睡前一分鐘記憶效果的訣竅」，希望你務必嘗試看看。這特別適合為了考試念書的人，我要教你背誦無論如何都必須背下來的冷硬知識。

前面提到，我考大學的時候，為了背世界史吃盡了苦頭，但若要挑戰考照，就會面臨無論如何都必須死背念書的情況。

我在當時使用的就是接下來要介紹的記憶法。坦白說，這種記憶方式是一種考試對策，我不認為這種方法對人生有多正面的幫助。然而，它有助於實現「考上」這個目標。

本書不是考試方法書，所以只是簡單介紹，點到為止。

有助於考試的三種主題記憶法

❶ 開頭字記憶法

記憶複雜的用語和項目時有幫助。

❷ 語源式記憶法

記憶字母等縮寫時有幫助。

❸ 諧音記憶法

透過更有故事性的諧音，使內容長期地留在記憶中。

56

以開頭字記憶重要項目的「開頭字記憶法」

在某個領域下細分多個重要項目時，要全部記住很辛苦。這是一個利用開頭字記憶的方法。只要知道開頭字，就有了線索，之後的字就會連鎖地冒出來。以開頭字喚醒記憶，像小時候背九九乘法一樣，順著韻律、不講邏輯的背誦方式。

我以具體的例子說明。

首先，這是一個營建考試的例子。當營建業者變成賣方，賣不動產物件時，法律規定了用來保護消費者的「八種限制」，內容是：❶猶豫期制度❷非自己所有物的買賣❸訂金保護規範❹訂金金額限制❺損害賠償預定金額❻瑕疵擔保責任❼解除分期付款銷售契約❽保留所有權。

因為本書不是考照的書，所以省略關於內容的說明，但這些是營建考試中經常出現的重要考題，所以非記住不可。儘管如此，就算埋頭死背，也不見得能夠全部記住。

因此，我決定像背「九九乘法」一樣，排列❶到❽項的開頭字，覆誦硬背。

猶（猶豫期制度）
非（非自己所有物的買賣）
訂（訂金保護規範）
訂（訂金金額限制）
損（損害賠償預定金額）
瑕（瑕疵擔保責任）
解（解除分期付款銷售契約）
保（保留所有權）

「猶非訂訂損瑕解保」這幾個字沒有任何意義，只是一再反覆念讀記住它們。

就像小時間按照父母的規定，一邊洗澡、一邊背誦「九九乘法」，或者一面走路、一邊哼歌一樣。將內容寫在紙卡上，睡前瀏覽幾次，記在腦海中，使記憶深植腦海。如果大聲念出來，效果更佳。

不過這麼做有個條件。前提是必須透過「**公牛式學習**」，仔細學習過各項的內容。**「開頭字記憶法」是用來想起學過內容的方法**，如果沒有確實理解各個項目，就只是羅列一串莫名其妙的字。

再舉兩個例子來說明。

中小企業診斷士的考試中，我用這種記憶法記住了商業店鋪的五種機能：

訴（訴求機能）

誘（誘導機能）

選（選擇機能）

表（表演機能）

管（管理機能）

如果並列說出口，就會變成「訴誘選表管」。

而在顏色搭配檢定中，我記住了流行色彩的四種產生原因：

變（變化需求）

協（協同性需求）

個（個別化需求）

扈（扈從效應）

方法很單純，只是照本宣科地念開頭字背誦，但是對於難背又不能有缺漏的問題來說，可謂萬無一失。

57 邊玩邊記的「諧音記憶法」

說到人們最常使用的記憶法，就是「諧音」這種方法了。

「諧音記憶法」一旦音義契合，就會永遠記得。舉例來說，大家應該記得「餓的話，每日熬一鷹」這個句子吧？

或許也有人忘了這是什麼的諧音，但從前不管過了多少年，都會清楚地記得它的涵義。

答案是「八國聯軍」的八個國家。因為諧音的關係，所以大家能記住「俄、德、法、美、日、奧、意、英」這些國家。國中時期確實有過這麼一回事吧？而且大部分的人都記得，代表諧音多麼有效。

既有的或別人新創的諧音如果有趣的話，也很容易記起來，但我建議盡量**自創**，因為自創會讓大腦更開心。

58 字母的縮寫採用「語源式記憶法」

最近常聽到上班族感嘆：「好多字母的縮寫都記不起來。」無論是看報紙、看電視，確實經常充斥各種縮寫，像是：GDP、GNP、NPO、ODA、CEO、COO、CS、ES、PL、BS……等，一時之間還真的很難了解是什麼意思。

上班族在日常的工作中會遇到這些縮寫，所以必須記住媒體經常使用，以及工作領域中經常出現的縮寫才行。如果不知道的話，可是會出洋相的。

在此，我要給予這樣的上班族一個建議，而對於正在念書準備考試的人也有效。我針對縮寫進行的記憶法，是堪稱王道的**「語源式記憶法」**。

舉例來說，GDP是「Gross Domestic Product」（國內生產毛額）的縮寫。「Domestic」是「國內」的意思，而在國內生產的商品和服務的附加價值之總額即是GDP。

眾所周知，近年來，國際間比起GNP（Gross National Product國民生產毛額），更常使用GDP作為經濟實力的指標。

這兩個縮寫只差在「D」和「N」，但意義卻相去甚遠。GDP是指在「國內」創造的產值，所以國外企業將據點放在本國創造的產值，包含在國內生產毛額之中，但相對地，不包含本國企業在國外創造的產值。而GNP包含本國企業（也就是該國國民）在國外創造的產值，而國外企業（外國國民）創造的價值亦包含在該國的GNP之中，所以不算是本國的產值。

關鍵字是D和N，亦即「Domestic（國內）」和「National（國民）」。我想，若是理解這兩者的語源，我所說的「自然記憶」機能就會運作，能夠牢牢地記住。

英語不好的人或許會覺得有點頭痛，但在這個國際化的時代，英語不好可不是一個好藉口。

舉例來說，前往機場時，國內線會以「Domestic」標示。只要想起它跟GDP的D一樣即可。

現在透過上網或電子字典、詞典等，就能輕易明白各個縮寫的語源。假如不明白語源的個別單字意思，再繼續查字典即可。或者應該說是，必須透過**「查字典理解單字」**的這個行為，才能牢記。

當然，只查一次字典也許還是會忘記，所以透過「重點紙卡」在睡前一分鐘加強學習，一定可以發揮效果。

59

可作為記憶法履歷的「睡前一分鐘專用筆記本」

到目前為止提到了許多記憶法，大腦在執行的階段也會確實地將內容放進記憶儲藏庫，但如果在睡前一分鐘瀏覽或朗讀當時製作的筆記，記憶就會堅若磐石。

我前面提到，開頭字記憶法、諧音記憶法最好**自己思考創造**，將想到的結果寫在重點紙卡上，在睡前一分鐘反覆複習的話，記憶就會深植腦海，再也不會忘記。重點紙卡對於縮寫的語源式記憶法也相當有效。

我在這一章還有最後一個提議，那就是——**製作睡前一分鐘「記憶專用」的筆記本**。睡前三十分鐘左右時，在筆記本上寫下今天想在睡前一分鐘記住的內容。

你或許會覺得這是做兩次工，但這兩次工會對大腦造成莫大的刺激。

睡前一分鐘瀏覽劃重點的書時，可以寫下「五月十日，P.22～P.25」，**確實記錄日期及範圍**。記錄之後，閉上眼睛入睡。如果在專用筆記本上記錄，也會變成睡前一分鐘的複習履歷。

此外，睡前一分鐘在複習時，也常常會發現到不一樣的重點，或者想到新點子。這時，也可在專用筆記本上稍微寫一下，隔天早上檢驗。

在下一章，我會講述改變睡前的習慣，使人生更幸福的過程，我也建議在這個過程中，使用睡前的**「一句話日記」**。或許也可以將專用筆記本兼作這種「一句話日記」來使用。

HOME

第5章

改變睡前的習慣，人生將越來越美好

60 夜晚不是一天的結束，而是一天的開始

據說女性較難早起。事實上，曾有年輕的女性編輯一本正經地找我商量：「該怎麼做，早上才能神清氣爽地起床呢？」

根據鐘表廠商所進行的問卷調查指出，女性之所以比男性難早起，似乎是因為體質所致。女性荷爾蒙會導致血管擴張，因為低血壓而容易引起手腳冰冷，所以早上爬不起來。

來找我商量的女性編輯果然也因為低血壓而形成「冷底」體質，我們進行了以下的對話。這或許是熟人之間的話題，但能夠清楚瞭解該如何看待「睡前」和「早上」之間的關係，所以予以公開。（女性編輯以下簡述編輯）

高島：「我想跟體質也有關係，所以或許無法根本地解決問題，但是包含想法

在內，先試著改變晚上的生活方式如何？」

編輯：「咦？你的意思是要我乖乖地早點上床睡覺嗎？」

高島：「不是，如果妳能夠早點回家、早點睡覺，那自然很好，但是基於工作的關係，這做不到吧？」

編輯：「哈哈哈，確實做不到。而且我挺愛喝酒的。不過，我並不像男人一樣，天天喝酒才回家。」

高島：「妳愛喝酒嗎？這樣更好。」

編輯：「你是說喝酒之後睡覺就好了嗎？我經常這麼做呢。」

高島：「不，重點不是睡前喝酒，而是為了明天，思考如何舒暢地度過晚上。如果可以的話，最好在十點之前回家，不要把煩雜的工作帶回家。洗完澡之後，稍微喝一點白蘭地之類的酒，邊喝邊看書，或著看電視，悠閒地度過……」

編輯：「聽起來很棒。我很嚮往那種生活。」

高島：「妳做得到的。有時候工作的事會在腦海中揮之不去，但盡量不要認真地去思考。煩心的事等到明天早上再說。不過，上床之後要瀏覽企畫書，稍微思考一下。然後直接入睡。這麼一來，往往就會在夢中想到好點子。」

編輯：「沒錯！沒錯！我曾經在夢中想到書名。而且在半夢半醒間寫了下來。早上醒來之後，發現便條紙上寫著歪七扭八的字……」

高島：「那樣就夠了。然後，早上順著那個點子，認真思考工作的事二十到三十分鐘。妳不覺得在夢中想到點子的那一天，醒來的感覺很棒嗎？」

編輯：「真的。看到寫得歪七扭八的書名，會覺得很開心。」

高島：「沒錯，就是這樣。那麼，我問妳一下，妳會覺得晚上，尤其是睡前一分鐘，是一天的結束吧？」

編輯：「嗯。畢竟……睡覺是一天的結束吧？」

高島：「那妳可就錯了。是開始。」

編輯：「咦？」

高島：「一天是始於前一天的睡前三十分鐘。睡前是在為了明天助跑。如果妳認為是助跑，為了明天而想快樂的事，或者有點放鬆地思考明天的工作，大腦就會在妳睡覺的時候，為了明天做準備。如果養成這種習慣，醒來就會覺得神清氣爽，而且能夠順利地爬起來。」

編輯：「噢，聽了你的話之後，我開始期待睡前了。我會試試看。說不定我的生活會產生一場革命。」

我也曾是夜貓子，不久前實踐了建議這位女性編輯的作息。那確實是一場「生活革命」，我的身心狀況變得越來越好，每天心情都很愉快。

我陸續挑戰考照成功，正是在那個時候，生活革命改變了我的人生。

生活革命的關鍵在於「一天始於前一晚的睡覺前」。

61 把一天分成三個部分，設計幸福生活

接下來要跟大家分享我的生活週期。這是自我挑戰考照之後，平日的大致週期。

在此補充一下，我現在從經營出版公司的第一線退下來，以自由作家的身分寫稿或演講。或許跟各位讀者的情況不同，但是我想，這個週期可供任何人運用。

我的一天是從前一晚的十一點多左右開始。一到睡前三十分鐘，我會稍微調暗房間的燈光，開床頭燈看書，或者坐在電腦前面上網。

有時也會為了明天而準備，做一些簡單的工作。如果有預定行程，我會寫下協商或演講的重點。如果有證照考試的話，我也會為了那場考試複習重點。不過，我不會太過投入。如果快要開始深究，我會立刻打住，等到明天早上再學習那個部分。

過了三十分鐘左右之後，就進入睡眠態勢，把「睡眠七道具」放在枕邊，準備睡覺。當然，我也經常在這個時候實踐睡前一分鐘的學習法。有證照考試時，我一定會這麼做。隔天有演講的時候，我會再度瀏覽摘要。

寫書的時候，我也經常思考明天早上想寫的內容架構，瀏覽參考文獻中做記號的地方。

無論如何，我一定會做某種和明天有關的事。我每天都**把睡前一分鐘定位為「使明天更幸福的助跑」**。

隔天早上一覺醒來，確認睡前做過的事。「睡前專用筆記本」也放在枕邊，所以我也經常瀏覽它。後面會提到的**「作夢日記」**中有寫備忘錄的時候，當然也會重讀。

如果不是雨天，在這之後，我會散步三十分鐘左右，吃完早餐後（有時候不吃），展開上午的工作或學習。若是學習，這個時段就進行「公牛式學習」，集中精神學習煩雜、困難的部分等。製作「重點紙卡」也大多在這個精神集中的時段。

下午無論是工作或學習，都會悠閒地進行。與人見面、出門去出版社洽商也都是在下午。我想，最常做的事應該是與人交流。

不外出的時候，吃完午餐之後，我會午睡三十分鐘左右。經過驗證，這個**午睡也具有提高記憶力的效果**。

關於午睡，哈佛大學心理學博士莎拉・梅德尼克（Sara Mednick）所進行的研究非常值得參考。研究指出，**人類記憶力的巔峰期是在上午**，吃完午餐之後會不斷下降，晚上的記憶力只有上午的一半左右。但是她指出，**經過午睡，記憶力會比上午更高**。（梅德尼克博士進行研究時，尚未證實睡前對睡眠時的記憶效果，所以晚上的記憶值不包含睡眠時。）

看過這個研究成果之後，我決定盡量在午餐之後小睡片刻。

上班或上學的人不妨也在午餐過後小睡片刻。如果三十分鐘太多的話，二十分鐘也好。沒有適當的地方時，趴在桌子上也無妨。只要經過短暫休息，下午工作或學習的狀況一定會變好。

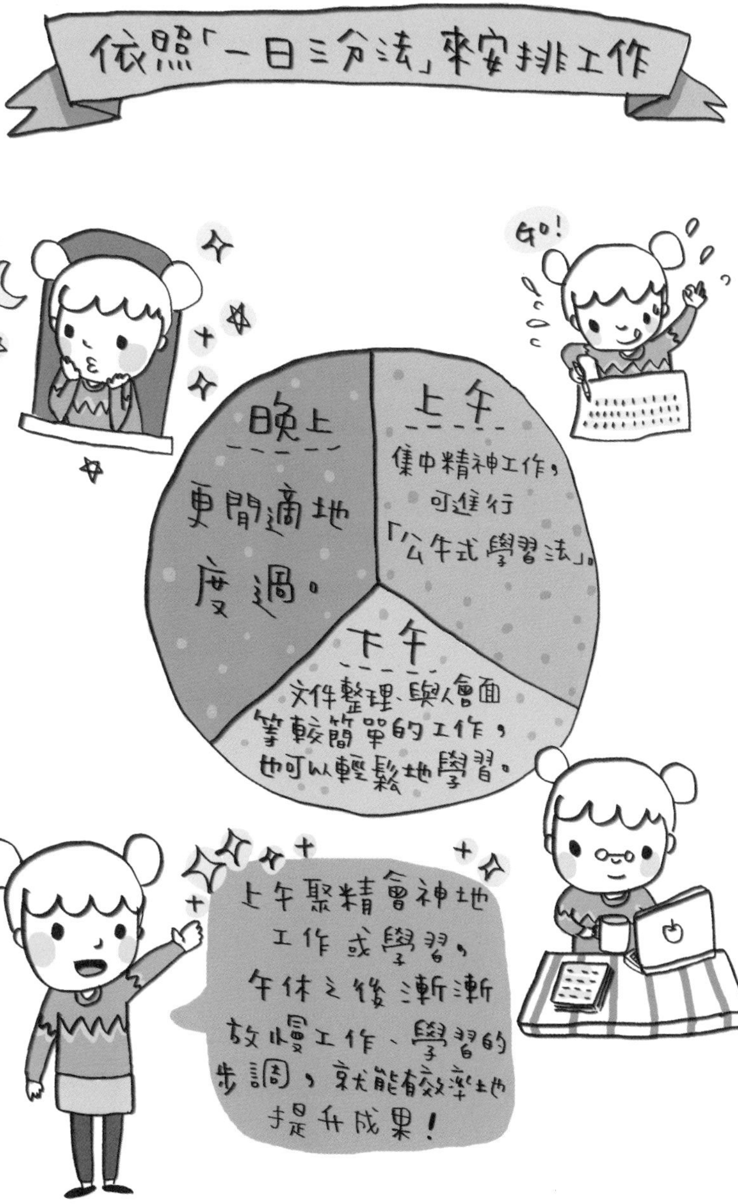
依照「一日三分法」來安排工作
GO!
晚上
更閒適地度過。
上午
集中精神工作，可進行「公牛式學習法」。
下午
文件整理、與人會面等較簡單的工作，也可以輕鬆地學習。
上午聚精會神地工作或學習，午休之後漸漸放慢工作、學習的步調，就能有效率地提升成果！

到了晚上，吃完晚餐之後，要比下午更閒適地度過。並不是不工作或不學習，但不要拚了命地去做。

我經常會看書，但頂多是以「擷取精華速讀法」（賽馬式學習）或跳著看劃重點的部分（銘記學習＝複習）。

接著就是睡前三十分鐘，我的一天大致就是這種週期。

若是把一天分成這三個部分，工作和學習都能相當有效率地進行。我想，我之所以考取九十一項證照，也是透過**「一日三分法」**，有效率地學習的結果。

62 夢中會想到好點子

本章一開頭出現與女性編輯的對話，其中有一個重點希望各位留意。也許有人已經注意到了，那就是**「夢中會想到好點子」**這一點。

她回想起自己曾經「想到書名」。一定有不少人有過同樣的經驗。

有一項研究成果透過實驗印證這件事——**「睡眠會帶來靈感」**。

二○○四年，由德國呂貝克大學（Universität zu Lübeck）伯恩博士所率領的研究團隊針對「靈感」進行了相當有趣的研究，並將結果發表於英國國際科學雜誌《Nature》。其內容如下：研究人員先讓六十六名受試者解開需要「靈感」的謎題。接著，將無法解題的受試者分成A、B、C三組，依照組別設定不同條件。

條件如下：

A組——早上讓受試者看問題，讓他們思考八小時
B組——晚上讓受試者看問題，讓他們徹夜思考八小時
C組——晚上讓受試者看問題，讓他們睡八小時

分別在八小時後再度進行解題，結果分數最好的是**睡八小時的C組**。

這是一個令人驚訝的實驗結果。

比起整整思考八小時的A組與B組，不思考就入睡的C組，解答率竟多了將近三倍。具體而言，A組與B組獲得二十分，C組驚人地獲得近六十分的分數。

獲得這項實驗結果的原因，正是接下來要講述的睡眠時的大腦運作。C組在看完問題後，完全沒有做其他事情，直接睡覺。看完問題之後，沒有給予大腦多餘的資訊，是比其他小組獲得更高分數的致勝原因。

伯恩博士也在雜誌中分析了這一點。大腦（海馬迴）在睡前接收到的謎題，會在睡眠時作為新的記憶傳送至腦前額葉，在那裡和過去記憶的舊知識組合、整理，

在這個過程中，會引導出完全想不到的「靈感」。

據說一九四九年，第一個獲得諾貝爾物理學獎的日本人——湯川秀樹博士，也是在睡覺時想到了介子場理論的架構。說不定他是在睡前一面思考介子場理論相關的事，一面瀏覽某種參考文獻呢。

63
活用「作夢日記」，將美夢運用在現實中

在夢中想到的事，如果置之不理，馬上就會忘記。各位都有過這種經驗吧。好不容易作了一個美夢，也只有醒來之後的幾分鐘記得，經過起床洗臉、看電視的瑣碎事情後，就忘得一乾二淨了……

仔細想想真是可惜。說不定作的夢會對現實的人生有幫助。尤其是在夢中想到的好點子，肯定不想忘記吧。

因此，我建議你寫下「作夢日記」。剛才提到的女性編輯也下意識地「起床寫下來」，但我建議你事先準備作夢專用筆記本，和她一樣把作夢的內容寫下來。即使會跟她一樣，因為睡眼惺忪地而寫得歪七扭八，但因為是自己寫的字，所以醒來時重讀一定看得懂。

舉例來說，假設隔天必須在公司或某個地方演講。如果不習慣演講的話，說不

定從前一天就會因為擔心而睡不著覺。這種時候不要強逼自己睡著，你要做的是**反覆瀏覽自己製作的演講稿**。若是一面看著演講稿，一面想像自己滔滔不絕地演講更是效果加倍。不久後就會想睡。

說不定會夢見自己跟想像中的一樣，有條不紊地演講，引用了某某名人的名言，令眾人感動。這時，要迅速起床寫下那一句話。

自己在夢中一定會知道那是在作夢，心想：「對了！我要把這句話寫下來。」這時，如果事先把**「作夢日記」**（便條或小筆記本即可）和原子筆放在枕邊，就能「下意識地寫下來」。

如果枕邊沒有紙和筆的話，即使想在夢中寫下來也無能為力。幾乎沒有人會勤勞到爬起來找紙和筆。所以，事先準備好就能夠克服這項障礙。

早上起床先重新檢視「作夢日記」中寫的內容，稍微整理脈絡之後，以紅色原子筆在演講稿上補充「一句名言」。這麼一來，那一天的演講就真的能順利進行。大家肯定會對你「口若懸河，引經據典」留下深刻印象。

64 如果在睡前積極地思考，人生就會越來越好

剛才提到演講的事，是我從某位年輕朋友口中聽到的真實案例。他身為負責人，必須在新品發表會上演講，從前一天就一直想著那件事，緊張地不得了。那位朋友對我說：「幸虧作了那場夢，演講進行得很順利。」

我想，任誰都有受益於夢境的經驗。我也不例外。我曾經在夢中想到證照考試的考題重點，結果隔天的考試真的出現了。

最重要的重點——**睡前思考相關的事，或者看參考資料**。這可以說是在實踐睡前一分鐘學習法。

另一個條件——**不要消極，而是徹底積極思考**。如同剛才的那位朋友，假設隔天有重要的演講，不要覺得那是一件「苦差事」，而且正面地想著：「我要讓大家讚歎。」

既然非做不可，積極地思考一定會進行得比較順利。透過積極地思考，大腦會欣然地支援你。若是消極地思考，覺得「好討厭、我不想做」，說不定會作失敗的惡夢呢。大腦在睡著的時候，會呈現最真實的一面，表現它「最愛極積思考」的喜好。

各位作夢的時候，是否曾經一面想著「這是在作夢」，一面繼續作夢呢？像是作不怎麼好的夢時，會心想「這肯定是在作夢，醒來吧」，醒來安心之後，又沉沉睡去。

我現在很少作惡夢。但偶而作惡夢的時候，我能夠在作夢的過程中操作心理，告訴自己「原來這是在作夢。不要繼續作夢了」。這或許也跟重視「睡前一分鐘」有某種關係。

極度淺眠的「REM睡眠」時，會像這樣自覺到正在作夢，名為**「清醒夢」**。近年來，「能夠以自己的意思控制清醒夢」的新發現，在腦科學的領域中備受關注。

若能在夢中執行自己想像的愉快的事，就會發揮正向效果。此外，學者也正試著透過夢境找出一個人心底真正的想法、欲望與希望，作為心理治療之用。

「作夢日記」能夠用於訓練自己隨心所欲地控制這種清醒夢。透過「作夢日記」，能夠知道自己常作哪種夢，進而控制自己作的夢。

進一步而言，為了盡量作積極而幸福的夢，可以試著持續寫「作夢日記」。換句話說，只在作美夢的時候記錄。

如果作夢的紀錄變成只有美夢，現實的人生一定會不斷地朝好的方向邁進。如今，我也正試著更上一層樓。各位不妨也試試看。

65

睡前要趕走負面情緒

我們睡著之後，之所以會作美夢或幸福的夢，想必是因為正在整理、重現記憶的大腦，正從**正面的觀點**進行那些工作。

舉例來說，小時候任誰應該都有過「成為足球選手」、「成為醫生」或「成為溫柔的護理師」的願望吧。大腦會將這種正面的想法好好地收納在記憶的儲藏庫。睡著的時候，大腦甚至會翻出陳年的舊記憶，進行組合及重現的工作。

因此，我想給大家一個非常重要的建議。

那就是——**在睡前徹底地排除負面的資訊**。這種情況下的睡前大約是從三十分鐘左右開始。

到了睡前三十分鐘，要從腦中完全斷絕悲傷、生氣、嫉妒等情緒，一心只想著快樂的事情。

最糟的是這個時段跟家人吵架。如果那一天，對於和朋友或情人吵架的事情耿耿於懷，不妨毫不猶豫地傳一封和好的簡訊向對方道歉。如果馬上收到回信，看到對方說「不，我也有錯」，那就太棒了。

最好也要避免看推理劇或懸疑劇等恐怖的電視節目。如果看到美好的結局，心情愉快也就罷了，但若是在看到美好的結局之前就睡著可就麻煩了，明明不需承擔，但最終卻會變成負面的資訊！

如果白天被上司罵，懊悔、難過的心情遲遲沒有消失的話，要試圖**轉換心情**，像是聽喜歡的音樂（這種時候，建議你戴上耳機，阻斷其他聽覺資訊），或是看溫暖人心的書。也可以上網看看喜歡的藝人或運動選手的部落格，隨性地在推特上抒發心情，或者在Facebook上跟朋友聊個天也很有效。

或許乾脆回到小時候，看看迪士尼的影片也不錯。拾回赤子之心，是趕走不愉快的最佳方法。

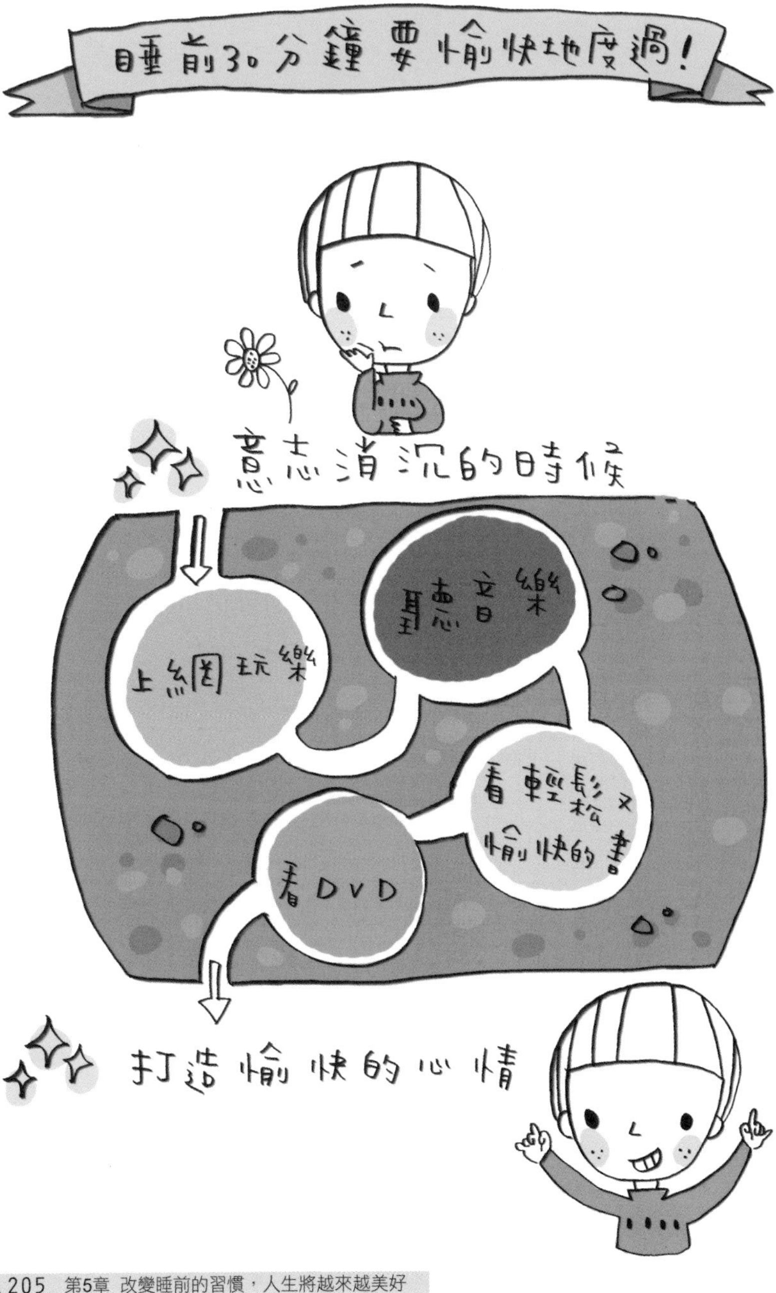
睡前30分鐘要愉快地度過！
意志消沉的時候
上網玩樂
聽音樂
看輕鬆又愉快的書
看DVD
打造愉快的心情

66 睡前的「一句話日記」誘使自己愉快地醒來

最後，我要推薦你使用保證擁有愉快開始的「正向道具」。（我要再次重申，睡前是「開始」，而不是「結束」）

那就是——**每天在睡前寫「一句話日記」**。這不同於作夢日記、重點紙卡或睡前一分鐘專用的筆記本。

準備一本小筆記本即可。封面可以寫上「睡前專用的一句話日記」，放在桌上或枕邊等睡前容易看到的地方。養成習慣之前，不要收入抽屜等看不見的地方，以免忘記。

睡前的道具變多了，但每一樣都是替人生招來幸福的道具，既不吃虧，也不花錢。

寫「一句話日記」的方式十分自由。唯一共同的「限制」是——**僅止於「一句**

話」。如果像一般日記一樣寫得拖泥帶水，身體就會分泌腎上腺素，而且可能會連不愉快的事也一併寫下來。

目的是**保持正向的心情進入睡覺狀態**。

就具體的寫法而言，我建議各位以下頁圖的三個觀點，各寫一行。

一開始或許會覺得今天沒什麼好寫的，絞盡腦汁思考一句話。然而，一天當中絕對會有一、兩件開心的事、進行順利的事。假如找不到，那是因為你不習慣從正向的觀點觀察自己。

不過請放心，如果每天持續寫，就會漸漸習慣，最後就能毫不費力地想出一句話。如果忽然想寫很多句話，那麼可以寫到兩、三行。例外偶一為之，無傷大雅。

「一句話日記」可從三個觀點來寫

<三個觀點>

❶ 今天覺得開心的事	「停車場的大叔對我說，你今天看起來很有精神耶。」
❷ 今天進行順利的事	「傳簡訊給古田先生，立刻收到了他答應的回信。」
❸ 今天感謝的事、被感謝的事	「垃圾沒丟進垃圾桶，結果隔壁的藤井先生幫我撿起來丟進去了。」

Tips

· 將「三個觀點」大大地寫在封面和封底，一開始要一面專注看著這三點，一面回想當天發生的事。

· 不必三項全寫，但最好規定自己起碼要寫其中一項。

67

以正面的入睡儀式迎接美好的早晨

持續在睡前寫「一句話日記」，會改變自己，也就是「自我革新」，將你變成以下這種正向的人。

- 能夠注意到自己的優點，更甚於缺點
- 能夠注意到別人的優點，更甚於缺點
- 能夠馬上忘記不愉快的事情
- 凡事能心懷感謝
- 每天精神抖擻，心情愉快
- 喜歡自己的人生

這都是好事。最後列舉的**「喜歡自己的人生」**，是非常重要的一件事。如果討厭自己，不管做什麼都不會有自信。

無論再怎麼努力實踐睡前一分鐘的學習法，一旦到了考試的時候，或許因為缺乏自信而產生的不安會掠過心頭。

明白的說，**睡前的「一句話日記」會讓自己產生自信，活出開朗的人生**。請務必養成習慣。

以上介紹了幾樣希望你務必在睡前使用的道具（也可以稱之為「入睡儀式」），一切都是為了讓你在一天的開始——睡前——徹底變得正向而積極。

回到本書的主題——睡前一分鐘的驚人學習法，經過這種「儀式」，在睡前使用重點紙卡等道具，讓記憶深植腦海，就會發揮巨大的效果。畢竟，大腦最愛正向充實的生活方式。

那麼，祝福你今後的人生透過稍微改變睡前一分鐘，變得更加美好。

不熬夜，不死背 睡前1分鐘驚人學習法（新版）

作　　者—高島徹治
譯　　者—張智淵
封面設計—季曉彤
內頁設計—果實文化設計工作室
主　　編—汪婷婷
責任編輯—林巧涵（舊版）、施穎芳（新版）
責任企劃—汪婷婷
總 編 輯—周湘琦
董 事 長—趙政岷
出 版 者—時報文化出版企業股份有限公司
108019台北市和平西路三段二四〇號二樓
發行專線—（02）2306-6842
讀者服務專線—0800-231-705、（02）2304-7103
讀者服務傳真—（02）2304-6858
郵撥—1934-4724時報文化出版公司
信箱—10899臺北華江橋郵局第99信箱
時報悅讀網—www.readingtimes.com.tw
電子郵件信箱—books@readingtimes.com.tw
時報出版風格線臉書—https://www.facebook.com/bookstyle2014
法律顧問—理律法律事務所 陳長文律師、李念祖律師
印　　刷—勁達印刷有限公司
二版一刷—二〇一九年八月二十三日
二版五刷—二〇二二年十二月十六日
定　　價—新台幣三〇〇元

時報文化出版公司成立於一九七五年，並於一九九九年股票上櫃公開發行，於二〇〇八年脫離中時集團非屬旺中，以「尊重智慧與創意的

不熬夜,不死背,睡前1分鐘驚人學習法 / 高島徹治著；張智淵譯. -- 二版. -- 臺北市：時報文化, 2019.08
面； 公分. -- (人生顧問；CFS0375)
ISBN 978-957-13-7924-1(平裝)
1.學習方法 2.睡眠
521.1　　108013254

ISNB：978-957-13-7924-1
Printed in Taiwan